LA OBRA OCULTA DE *Lope de Vega*

GABRIEL MEDIALDEA

Aliarediciones

Con la colaboración de:

Depósito Legal: GR 1342-2024
ISBN: 978-84-10374-70-6

Imagen de cubierta: *Brass Key* (ca. 1940) de D.J. Grant.
Original de The National Gallery of Art. Rawpixel.

Impreso en España

Edita
ALIAR Ediciones
www.aliarediciones.es
info@aliarediciones.es

LA CIUDAD ACCESIBLE CON *LA OBRA OCULTA DE LOPE DE VEGA*

Esta obra está inspirada desde la distancia en la labor que ejerce día a día **La Ciudad Accesible** en beneficio de las personas con discapacidad, la accesibilidad universal, la igualdad de oportunidades para todas las personas, y la inclusión y equidad en la sociedad actual de los más vulnerables. También, como no, en una persona real, en concreto del propio colectivo. Una persona que con su vida, tragedia y superación —con una sonrisa continua— llevó al dramaturgo Gabriel Medialdea a crear esta historia en el Siglo de Oro de las letras españolas, habiendo aprendido a introducir a la perfección a actores con sus diferentes discapacidades y capacidades concretas, de la mano y bajo la supervisión y mentorización del activista y experto en diversidad de usuario Antonio Tejada, que además tiene un 66 % de discapacidad, acomodando de una manera fidedigna las características de los propios personajes con discapacidad a la realidad para normalizar, visibilizar y concienciar a la sociedad.

Más teatro diverso es más inclusión real para eliminar barreras, estigmas y prejuicios hacia este colectivo, que suma esta obra en mayúsculas a su proyecto mensual por una **Cultura Inclusiva**.

La obra oculta de Lope de Vega es una historia inclusiva y accesible, con ritmo, que engancha y hace disfrutar al lector con sus intrigas y misterios, la cual está ilustrada de manera ejemplar gracias al artista granadino Javier Alcantud. Fue premiada en 2012 en el Certamen «Calamonte Joven».

LA OBRA OCULTA DE *Lope de Vega*

GABRIEL MEDIALDEA

PRÓLOGO

«Corre el año 1630 de nuestra era. El lugar, indiferente dentro de la España del Siglo de Oro, aunque la meseta central tiene muchas posibilidades de albergar el inicio de la historia. En pleno invierno, invierno duro y evocador». Así comienza la pieza teatral que Gabriel Gómez Medialdea titula *La obra oculta deLope de Vega.*

La obra, por supuesto, está escrita en el siglo XXI, una época en la que, afortunadamente, en el país donde está escrita y al que se refiere la obra, las personas que vivimos en él, tenemos la inmensa suerte de que nos han enseñado que existen las vocales y las consonantes. Y con ese material podemos crear palabras, frases. Conocemos el sonido que se produce al mezclar la «B» con la «A» y podemos leerlo y saber el significado que pueden tener varias letras juntas.

Por ejemplo: Uniendo la H, la I, la S, la T, la O, la R, la I y la A, se consigue formar la bonita palabra «historia», palabra esta que reúne varios significados y a la que yo me quiero referir, utilizando dos de ellos: «Relación de cualquier aventura o suceso» y «Narración inventada».

Efectivamente, son un tanto por ciento muy elevado los que pueden distinguir la «J» de la «G» y que poseen la capacidad de leer historias. Pero no todos son tan afortunados de poder escribirlas. Aun sabiendo cómo se escribe la «P» y la «U» y todas las letras. Aun sabiendo unirlas para expresar los miles y miles de vocablos que se pueden llegar a formar, no todos tienen la capacidad de contar historias. Y aún voy más allá. Solo un número menor de aquellos que lo intentan, consiguen crear bellas historias, historias que nos hagan vibrar, que contengan en su interior ingredientes suficientes para que contemplemos, los que las vamos a degustar, ya sea leyéndolas o, como en este caso, siendo su objetivo el ser representada en un escenario, viviéndola a través de los actores que le darán vida y que nos deleitarán con su interpretación.

Pues bien, una de estas personas, que logra el difícil arte de conjugar las palabras y llevarlas a su máxima expresión, es Gabriel Gómez Medialdea. Él, mezclando vocales y consonantes consigue hacernos viajar al universo que ha creado para que personajes como Héctor, Fran o el mismísimo Lope de Vega, puedan pasearse con soltura y nos emocionen con sus cuitas. Es capaz de trasladarnos con sus palabras a una época lejana, a localidades que hoy ya no son iguales, que dejaron de existir al transformase en lo que son ahora, a maneras de proceder que ya no se estilan y, sin embargo, a hechos que, a pesar del tiempo que ha transcurrido desde entonces, siglos, y a pesar de los cambios físicos que han sufrido los lugares donde suceden, siguen siendo iguales, porque forman parte de la forma de comportarse del ser humano.

Nos habla de lo difícil que es ser diferente en un mundo donde todos hacen grandes esfuerzos por ser iguales a los demás e intentan con ello crear una normalidad que perjudica tanto a los que, por la razón que sea, no cumplen con las expectativas físicas o morales que la sociedad marca como «normal».

A Félix Lope de Vega y Carpio se le atribuyen 314 obras, además de 42 autos sacramentales. Se conservan 50 manuscritos originales. Pero nadie sabe, hasta que Gabriel nos lo descubre, cómo es esa obra que está oculta y las razones que Lope de Vega alberga para que esto sea así.

No voy a contar aquí la historia, ya lo hace maravillosamente Gabriel. Pero sí me gustaría resaltar su valentía al afrontar un texto teatral sin límites.

En esta historia no solo hablan los personajes. Si necesita que el aire, el fuego, la noche, la tormenta, las estaciones o el bosque penetren en la escena y se manifiesten con los sonidos que los caracterizan, no pone ningún reparo, consiguiendo estremecer al lector o espectador. Los árboles caerán, los caballos galoparán hasta morir.

Y lo más importante, el interés que va creando es continuo y va a más en cada palabra que se sucede, en cada frase que lleva a la otra. Las sorpresas aparecerán, como suelen hacerlo las sorpresas, cuando menos te lo esperas.

Y la grandeza del mensaje que pretende transmitir irrumpe, plena de sensibilidad y con fuerza, en la mente y en el corazón del que tenga la inmensa suerte de disfrutar de estas vocales y consonantes, de estas palabras y frases, de estas emociones y hechos, que hacen de *La obra oculta deLope de Vega* una hermosa, divertida, entretenida y grande historia que me ha encantado conocer.

Nunca me gustaron los prólogos grandes, a veces algunos tienen más páginas que el propio texto. Por eso no me extenderé más. Pero antes de dejar que comiencen este viaje, me gustaría añadir que Gabriel, al pedir que sea yo el que lo escriba, no sólo me da la oportunidad de hacer el prólogo a su obra, sino que consigue que yo establezca un lazo con Guadix, tierra de mis abuelos. Y esto para mí es muy importante, mucho, pero pertenece a otra historia que, tal vez algún día, con ayuda de Gabriel y de Guadix, podamos hacerles llegar, pero que por ahora seguirá oculta, como la obra de Lope de Vega que están a punto de descubrir.

JORGE ROELAS
Las Rozas, Madrid.
3 de noviembre de 2012

A mi hija, luz de mi mundo.
A los padres abnegados.
A los que sonreís cada día.

Capítulo 1. Un gran espectáculo

Corre el año 1630 de nuestra era. El lugar, mi hogar en la meseta central. Cerca de una recóndita sierra. En pleno invierno, invierno duro y evocador.

El aire me acerca un fuerte murmullo, un aire que transita sin ningún pudor, un murmullo que se adentra en nuestros sentidos, un pudor que no tiene vergüenza, una vergüenza que arde, y es que es el fuego en su apogeo lo que atrae nuestra atención.

Pasos humanos, gente corriendo, gente hablando, gente..., gente gritando. Y de vez en cuando, la calma, una calma en la oscuridad, en un silencio que antecede a nuevos murmullos y agitaciones, árboles cayendo, nuevos pasos acelerados, gritos sueltos y gritos de desgarro y aun así, todo se diluye en el espacio, se vuelve tenue para volver a encenderse. Se apaga y se enciende, se agita y se calma. El bosque llora, el bosque se consume.

Los hombros que me sostienen siguen con firmeza ante la debilidad de mis visiones. Los cielos guían los caminos mientras la luna se baña en horas oscuras. Amarga bella luz que emerge entre la oscuridad de la noche azul. Los animales cantan turbias canciones de huida y los habitantes de aldeas cercanas despiertan sus más bajos instintos de supervivencia para aplacar las llamas devastadoras que caen sobre sus cosechas, sobre sus vidas. Llamas de colores azules y ocres se entrelazan en una danza sonora digna de un enfrentamiento entre dioses mayores mostrando toda su grandiosidad, danza sonora, mortal y creciente. Hasta los poros de nuestras pieles rezuman su olor y el sudor a cada paso que nos acercamos nos advierte de lo poco pacífico del espectáculo.

No son mis tierras, no son mi gente, son vecinos lejanos, apenas sí conoceremos a unos pocos. Aun así, mi padre me lleva a contemplar la hermosura de la violencia, de lo natural, «ley de vida u obra de una mano humana desconsiderada para con el prójimo, o quizás consecuencia de una venganza de sangre o de deudas», así habría hablado el «Padrecito», un sacerdote amigo mío del que no tengo noticias hace ya bastante tiempo. Mi padre, en cambio, ya de por sí de pocas palabras, pues es hombre de miradas y de abnegación, dijo que lo importante era solucionar aquel estado de cosas, que no hay que pensar tanto lo que acontece, sino actuar. Alejarse de un fuego tan abrasador es otro espectáculo, los colores tornan a diminutos puntos de luz imitando estrellas en el firmamento, y el universo sonoro a susurros cual secreto quisiera nunca haber conocido. Sentir la brisa de la noche en el rostro a cada zancada de mi valeroso padre siempre me llena de emoción aunque la urgencia sea lo primordial, mi egoísmo en los momentos de peligro siempre aflora.

Mi padre, eficiente con las palabras justas, moviliza a toda la familia, incluidos sirvientes; a chacha Lisa, una mujer de buen ver, la envía a avisar a mi querido cuñado y a mi hermana, a dos leguas de nuestra casa, en el mejor corcel que mi padre dispone, sin contar a mi «Sombra». Luis, nuestro paciente siervo, coge el carro y carga con mantas, hoces y ocho grandes cubos. Volvemos los que podemos, yo sigo galopando sobre mi padre, conoce mejor el terreno y en la oscuridad es más eficiente que cualquier corcel amado, todo sigue implacablemente creciendo. La gente no para de correr, de agitarse y gritar, pero como si de abejas se tratasen, cada uno tiene una misión que cumple con devota disciplina; sin órdenes, de vez en cuando se dejan caer unas pocas palabras y el silencio de la labor se vuelve a ceñir sobre ellos.

No paro de ensoñar con esas llamas tan vivas que de cerca me evocan épocas de dragones fieramente bellos y apocalípticos. ¿Estarían tras las llamas? Concentrados en la tarea y contando cada vez con más personas surgidas de la solidaridad humana, el incendio se va apocando hasta su desaparición. Los seres humanos son fuertes al unirse, siempre lo supe por mi familia; aunque uno flaquee, muchos lo levantan, y hasta te hacen sentir casi como un Dios.

De vuelta a casa, Francisco duerme cual oso hibernando. A la mañana siguiente debe trabajar. Tendría una nueva aventura que contar a sus amigos labradores. El sueño de esa noche no sería diferente al de otras, no soñaría solo con caminar, también soñaría con imponer justicia.

Caminar no es lo mío. Siempre mis pesados pies me entorpecen los sueños que suplo no sin dificultad con mis evasiones mentales. La grupa de mi caballo Sombra es casi tan agradable como las noches de tres lunas. Mis ojos nunca me han fallado y todo lo que veo quisiera plasmarlo en historias escritas. Escribir no es lo mío. Sí lo es narrar. Es transformar la realidad con pequeñas dosis de mi incansable fantasía. Sueño en llamas, mas con personas bondadosas solidarizándose entre ellas. Sueño con esas personas ejecutando a los culpables. Los cuerpos de los culpables arden diferente. Arden con vigor clamando al universo justicia divina. Arden.

Capítulo 2. Crisis

Un caserío. Un paraje de la meseta central de la Hispania de los grandes autores del siglo XVII de nuestra era cristiana. Todo madera. Madera cálida y de noble roble. Lo flanquean campos por sembrar y un huerto, no muy lejos una arboleda. La tranquilidad de aquel único atardecer se ve truncada. Desde dentro del caserío se oye la voz de una mujer mayor, una voz antigua rasgada llena de necesidad, María Sandel, una sirvienta de la casa, una voz rota y agitada. Una voz que retumba en mis oídos algunas noches. La voz de alarma, de supervivencia o de continuación de la vida. Esa voz es inspiración de mis temores y de mis alegrías. Nunca una voz fue tan grande en matices. No solo la voz, aquella persona es una madre extra que toda persona del caserío hemos tenido. Nunca le pregunté por más de lo que me contó y enseñó, ahora lo quisiera saber todo sobre ella, pero algo me lo impide. Quizás sea su propia voz en este momento que clama por mi vida.

María Sandel: *¡Ayuda! Un nuevo ataque. ¡¡Vamos!! Agua, paños calientes y melisa. Rápido. ¡¡Rápido!!*

No para de solicitar ayuda, su fatigada voz no pierde volumen ante el compulsivo movimiento sin control del joven Francisco. Algún manotazo se lleva en su vano intento de controlar el cuerpo, no parecen importarle demasiado, su voz sigue y seguirá pidiendo ayuda al vacío de la casa.

Francisco, convulsionando, parece tener hueco para reflexiones conscientes.

Me consumo en mis luces. Algo no me deja ya escuchar la voz. Siento... Siento dolor, estoy descontrolado, me golpeo por mis movimientos sin sentido y las luces se transforman en miedos y oscuridades rondándome. Vuelvo a escuchar la voz, eso es que he dejado de moverme, o no del todo. Mi cuerpo crea espuma, amarga, no es como la del mar, pero me lo evoca, siempre me gusta evadirme en mi fantasía cuando vuelvo a vibrar. Me siento incómodo, pero mi mente va muy rápida, apenas sí asimilo mis propias locuras y es cuando lo siento.

Héctor: Tranquila, ya llego.

Es la voz serena de mi padre, apresurada y contundente. Yo me siento más tranquilo, aún no sé bien por qué. Siento su cuerpo detenerme. Con su fuerza me abre la boca de par en par y saca mi lengua. Con su fuerza me paraliza por completo, cierto que ya estoy sin fuerza vital. Mi cuerpo duerme.

Héctor: No se pueden repetir tantos ataques, yo mismo le llevaré a la ciudad. Mañana quiero tenerlo todo listo al alba para partir. Carruaje, equipaje y víveres para los días de viaje.

María: Mañana será un día lluvioso, los caballos tardarán más en llegar, eso si no nieva.

Héctor: Lo sé, pero no se merece esto y si él es el único que puede ayudarme según tú, pues haré lo que tenga que hacer.

María (Asienta con la cabeza): Prepararé el equipaje del señor y del señorito. Recuerde que ha de llevarse el pañuelo que le abrirá la puerta, y no olvide que me llamaban en la casa «Señora Gata». El señor era muy ingenioso.

Héctor: Lo recordaré, María, lo recordaré. Aunque has de saber que los hombres buenos no se olvidan de las mujeres de las que aprenden.

María: Es usted muy considerado, señor. Una tiene fortuna por las casas en las que sirve y por una madre que la educó según los valores del Señor. Si estuviera aquí el «padrecito»... no tendría que viajar con esta premura.

Héctor: Todos echamos de menos a don Ariel, y el que más, mi pequeño. Sin duda, él sabría qué hacer; cuando estuvo entre nosotros Francisco nunca sufrió lo que ahora, pero... no está, y yo no quiero que el sufrimiento vaya a más.

María: ¿Algo más manda mi señor?

Héctor: Envía mañana al amanecer un mensajero que avise a mi Juan María, ha de estar al frente de la casa, y que Azucena acuda con su marido e hijos de vez en cuando a ayudaros con las tareas propias del invierno. Aquí hay más por hacer que en sus haciendas. Se pueden traer al servicio y disfrutar de todas las comodidades y víveres que consideren oportunos.

María: Como mande mi señor. Avisaré a sus hijos. La señora descansa, muy débil.

Héctor: Sí. No es sencillo dejarla en esta situación. Sé que está en buenas manos, solo necesita descansar, no la moleste ahora, no le cuente hasta que recupere toda la conciencia, ha de recuperarse. Espero estar de vuelta muy pronto. Enviaré mensajeros o palomas para informar del devenir de los acontecimientos. Vaya a cuidar de la señora, yo me quedaré al lado de mi hijo esta noche. Francisco, hijo mío, descansa; mañana, a Madrid.

Capítulo 3. Viaje

Un carro de caballos al galope, lluvia y viento. La lluvia se rompe y el viento alocado azota sin piedad. Caballos que vuelan sobre la tierra mojada, sobre el peligroso barro. El galope es algo tortuoso para mis huesos, pero liberador para mi mente. Nieva. Ahora nieva. Nieve de dulce apariencia que envuelve nuestras miradas mientras el carro se tambalea. Algún trueno se escapa entre el espesor del manto blanco. El cielo se cae encima de toda la humanidad, la tempestad de nieve es de magnitudes titánicas.

Héctor es un hombre fornido de agraciadas formas, es mi padre. Fran, su hijo menor, soy yo, aquejado de las secuelas sufridas por un grave accidente, no puedo andar; me cuesta hablar; además, unos síntomas extraños me provocan espasmos ocasionales. Sin duda soy hijo de mi apuesto padre y de mi bella madre. Nosotros en ese carro, los bellos corceles entre los que está mi querido «Sombra», la nieve, el barro, el paisaje, todo conforma un bello cuadro en movimiento, todo es por mí. El tiempo parece que empeorará y mi padre agita la marcha en pro de llegar prestos. Es hábil, diestro y centrado. Yo solo observo su pundonor y lo que nos acontece, estoy mejor, estoy animado por este viaje a Madrid. Estoy literalmente en las nubes, o volando por el cielo.

Una curva cerrada y un tronco han hecho al carro volcar tras romperse una pata de «Luciérnaga», una yegua andaluza de grácil pose, una yegua que acepta la misericordiosa estoca-

da de mi padre en su corazón para aplacar un sufrimiento que no podemos mitigar. Mis rasguños son cosquillas, y mi padre denota entereza y resolución, casi sin llorar la pérdida de la yegua, el carro ya arde para darnos calor. Luz de fuego reflejada en los copos que intentan destruir tal contradicción natural, es mi padre quien rompe unos minutos de interminable silencio.

Héctor: Nos calentaremos unos minutos antes de continuar, esconderemos cosas no necesarias para el viaje. Sé dónde estamos. Conozco el lugar.

Mi padre no sabe mentir, aun así es capaz de conocer este terreno y que sea el nerviosismo el que le hace titubear. Ya no soy un crío y no me chupo el dedo.

Fran: No ha sufrido, ¿verdad?
Héctor: No, está en paz. Disfruta del fuego bajo la nieve.
Fran: Sombra, caliéntate. Tú nos llevarás.

El caballo, al galope, relincha, es negro como el tizón y brilla más que la pura nieve celestial. Ambos en su lomo, padre e hijo en lucha contra el tiempo, la muerte nos acecha vestida de hielo; el blanco cae sin piedad. El blanco no deja espacio para sonidos, apenas si para respirar. Sombra avanza rápido, es fuerte, pero los dos cuerpos pesan mucho. El vigoroso, bello y admirado caballo, agotado, cae muerto. Mi Sombra es mi amigo. Lágrimas que se congelan. Lágrimas para la eternidad.

Héctor: Ha sido el mejor corcel que ha existido en la historia, hijo; has de estar orgulloso de él, nos ha salvado la vida trayéndonos hasta aquí. Lo hizo por ti, así que no le falles y no flaquees.

Fran: Quiero estar con mamá. Sombra, no te olvidaré.
Héctor: Marta. Pronto estaremos de vuelta.

Llorar solía hacerlo en brazos de mi madre, me da vergüenza que mi padre me vea, me escondo, pero me recoge en sus brazos, me monta a su espalda, las correas nos vuelven a unir, ya no ve mis lágrimas, aunque sabe que lloro, que sufro y que no dejaré de pensar en mi mamá. Él también lo hace, le ama, le echa de menos, pero solo le dura un instante antes de coger aliento y volver a correr conmigo en sus hombros. Va lento, se esfuerza, jadea, pero avanzamos seguros y con un pequeño descenso de la furia de los dioses, se nota que ya estamos en la meseta, tierra blanca pero firme donde el viento campa tan a sus anchas que los molinos de viento pueblan los parajes. No vemos a ningún apuesto loco caballero a nuestro alrededor y a mí me da por mi mayor pasión, la lectura.

Fran: ¿Llevamos todos los libros?
Héctor: *La República* de Platón, dos del maestro al que vamos a visitar, *La Dama Boba* y *El Perro del Hortelano*, más el que estás leyendo, *la Ilíada*. El resto..., prescindibles por ahora.
Fran: *El Quijote, el Amadís, la Odisea, El Buscón, El Lazarillo...*
Héctor: Te dije que no tendríamos que llevar tantos. Además de que te los has leído, los volveremos a conseguir.
Fran: ¿Te leo?

Leer y caminar no ha de ser fácil, me gusta lo impensable, los retos. Cierto es que se pueden mojar las hojas. Ahora me doy cuenta, estoy agotado por el viaje.

Héctor: No es necesario, descansa; el paisaje es hermoso, ¿verdad? ¿Vas abrigado? No creo que tardemos mucho en llegar... más bien creo que en breve alguien nos encontrará en el camino.

Fran: No hace tanto frío...

La verdad es que ni lo siento, espero solo tranquilizar a mi tranquilizador padre.

Héctor: Disfruta del camino, hijo —**susurra**—. Marta... No hables mucho, puedes coger frío en la garganta y tu voz ha de estar limpia para saludar al maestro. Ha de haber una posada cerca, veo humo.

Capítulo 4. Petición

Cuando desconoces una ciudad y la recorres con algo de premura no solo no dejas de admirar la grandiosidad de sus construcciones, sino que no paras de conocer gente y preguntar cómo se llega a la casa del maestro de las letras del imperio. Madrid. Gente tosca, nerviosa, desconfiada, a veces agradable a veces sigo mi camino por no preguntar, no interrumpir y no molestar a borrachos ni soldados, las señoras son mis preferidas, aunque también las que más me sorprenden, escupen, tosen, dudan, ríen, todo eso y más, siempre indicando, ya sea el camino erróneo o correcto. Me voy acercando, o eso deduce la lógica, de cualquier forma, estoy perdido en la gran ciudad, para regresar volveré a preguntar. Si mi Francisco estuviera aquí todo sería más... todo sería más. Hermosa casa, bonita puerta.

Casa de Don Lope de Vega si todas las indicaciones han sido exactas, y lo corroboran las verjas dobladas de la ventana de la izquierda tal y como dijo María. Llamo a la puerta. Un criado cuarentón, sin más descripción que la de un hombre normal, abre la puerta. La luz no me deja ver más que sombras dentro, su mirada es desconfiada, inesperada pero cortés.

Héctor: Buenas. Venía a ver a don Lope Félix De Vega y Carpio, el señor de la casa.

Lázaro: ¿Quién le pretende?

Héctor: Héctor de Vico. Vengo por un asunto personal, es María Sandel, la "Señora Gata", quien me envía a su merced, traigo un pañuelo en prueba de ello.

Casi se me olvidan las indicaciones de María, siempre atenta. A su vuelta con nosotros me hablaba con fervor en los ojos, de los lugares y los señores a quien sirvió, poco a poco sus historias se fueron apagando dándose cuenta de las necesidades de nuestra casa. Este sirviente la conoce y quiere, cambió su extrañado semblante al oír su nombre, ojalá su señor sea como María lo describía.

Lázaro: Un momento, señor.

Me cierra la puerta sin más. Las ciudades son diferentes a nuestro hogar, cuánto tardará en regresar...

Lázaro: Puede pasar.

La casa en sí es humilde, el patio que nos recibe solo es embellecido por el agua de la fuente. Nunca he estado así de nervioso, quisiera estar de vuelta con Francisco. ¿Qué se me pasa por la cabeza? Que todo va a salir bien, que estoy en el sitio adecuado, que pronto volveré a mis tierras y labores junto a mi hermosa familia. Todo es indescriptible, simplemente sucede en la mente de uno. Justo en el recibidor aparece la figura de Lope de Vega, ataviado con las vestimentas de su orden religiosa. No se distinguirla, nunca entendí de esos asuntos, él es un señor de edad, ágil y de paso seguro, él es nuestra esperanza.

LV: ¡Cómo olvidar a María Sandel! Sí señor, la «Señora Gata»; sus gatitos aún le echan de menos. Ella quiso volver a las tierras que le vieron nacer para servir a un señor honesto y a sus cuatro hijos. He de suponer que es usted el señor honesto. Está usted en su casa, guarde el pañuelo, fue un regalo para ella; si lo trae es porque es importante. No me equivoco, ¿verdad? Devuélvaselo.

Héctor: Así será, mi señor. **—Guardando el pañuelo—.** Ya solo tengo tres hijos por los que velar.

Recordar a un hijo siempre es agradable, aunque la tristeza se apodere de los ojos.

LV: Lo siento, la pérdida de un hijo es algo doloroso, conozco la sensación, varias veces... De tú a tú, señor...

Héctor: Héctor de Vico, a sus pies.

LV: Sin formalidades. Soy sacerdote, el criado es de la casa; Lázaro, y usted mi invitado.

Héctor: No vine solo, mi hijo el pequeño...

LV: También es bienvenido, ¿dónde se encuentra? Lázaro, sírvenos... ¿algo en especial?

Héctor: No, agua.

LV: ¿Su hijo?

Héctor: Paramos en una posada a la entrada de la ciudad. El viaje desde el pueblo fue largo. Los caballos cayeron exhaustos, culpa mía por forzarles. Me apremiaba llegar pronto para no pasar frío, llegamos empapados. Mi hijo necesita ayuda y, según María, es usted el único que nos puede ayudar. Sinceramente, no sé cómo, aun así, confío en María.

LV: ¿Yo? ¿Acaso es un joven escritor ávido de mis humildes lecciones?

Héctor: Es un vivaz admirador suyo, de todo su talento, con lo que será un placer para él escuchar sus lecciones, pero en este caso lo que nos atañe y apremia es una cuestión médica.

LV: Y, según María, yo le puedo ayudar. Mis conocimientos médicos son bastante escasos. Y Dios no sé si escucha todas mis plegarias.

Héctor: Quizás el médico de la familia, ella nunca me dijo nada; solo que «el señor Lope es el único que puede ayudar a Francisco»; nunca dijo el cómo, lo repetía constantemente.

LV: No se preocupe, traiga a su hijo mañana por la mañana, quédense unos días, dos semanas, tres, lo que necesiten, sean huéspedes míos. Tras el largo viaje, deberán descansar. Disfruten de la ciudad y ya llamaré al doctor Lacalle, que inspeccione el problema de su hijo, y luego charlaremos sobre escritos e historia, sobre política y religión; me gusta escuchar a la gente.

Héctor: Será todo un honor, y gracias. Si pudiera ser, quisiera que envíen esta misiva a mi casa, relatando lo acaecido sobre nuestra llegada y solicitando nos envíen enseres personales que perdimos en el transcurso del viaje. Mañana por la mañana, a primera hora, estaremos en este su hogar.

LV: Yo me levanto a segunda hora, mi edad... Todo el día estaré a su disposición. Lázaro enviará la misiva con un mensajero, y haz llamar al doctor, a ver si puede venir pronto; el esfuerzo de este hombre no merece más espera.

Héctor: A sus pies.

LV: Sin formalismos, por favor. Lázaro, avisa a las demás, que preparen una habitación. Mañana tendremos invitados.

Volver a la posada con las buenas noticias de la hospitalidad de don Lope alegrará a Francisco, eso si no me pierdo entre estas calles estrechas, no me suena ninguna. Volver a preguntar a la gente es mi única alternativa, aprovecharé para averiguar qué podremos visitar en breve, Francisco querrá no perderse ningún monumento. ¿Qué estará pensando don Lope de mí?

Qué noticia tan agradable, la visita de los señores de María, hacía tiempo que no recibía una visita y en estos tiempos de labor unas charlas renovadoras me darán impulso para las tareas pendientes. Hombre fuerte de acento excelente, limpia mirada y buenos ropajes campesinos. María no nos hubiera abandonado por cualquier causa, sabe que aquí su labor y persona eran insustituibles, pero esa vieja santa se las sabe todas, nunca la visité como le prometí, espero no tenga rencor por ello.

LV: Lázaro, mis lentes por favor, y una infusión de manzanilla por favor. Hoy las palabras saldrán alegres en mis atormentados personajes.

Capítulo 5. Casa de Lope

Madrugar sin sentir el canto de mis gallos me hace descubrir una nueva melancolía capitalina, enseguida despierto a mi padre, nos revestimos con premura y dispongo a estar sobre sus espaldas para divisar la ciudad. El madrugón hace que se me cierren los ojos y apenas atisbe algo de vida en la ciudad, escucho algún grito y quizás insultos en el aire, mi padre presto y firme me lleva como si conociese estas callejuelas.

Paramos frente a un portón, y detrás de esa casa uno de los mejores escritores vivos, el aclamado y admirado. Empiezo a despertar, noto mi debilidad, el viaje se hizo más duro de lo esperado, no he tenido convulsiones ni espero tenerlas. Firme, mi padre llama a la puerta y tras ella dos personas, una mujer de unos treinta y pocos años, de aspecto maduro y tranquilo y un hombrecito de unos cuarenta y tantos. La mujer más discreta solo arquea levemente una ceja, al hombrecillo se le ensancha la cara al verme, asombro y cómo no decirlo, admiración también. No ha visto a alguien como yo en su, por ahora, desconocida vida, pero ya le iré sonsacando sus historias. Mi padre de pocas palabras es quien caballerosamente rompe el silencio.

Héctor: Mi hijo. Francisco de Vico. Este es Lázaro y ¿ella es?

Todos miramos a la señora presente.

Lázaro: ¡¡Mi madre!!

Juguemos a jugar.

Fran: ¡¡Tu abuela!!

El hombrecillo de nombre bíblico pestañea dos veces a mi respuesta, le sigo sorprendiendo, hombre de poco recorrido, la señora cauta sonríe con algo de sobre esfuerzo.

Lucenda: Señores... soy Lucenda, la ama de llaves. Y no tengo el placer de tener más que dos hijos varones, de 3 y 6 años, nada de madre de un adulto, y mucho menos abuela de nadie.

Fran: Hola, podéis llamarme Fran.

Héctor: Supongo que el señor seguirá durmiendo.

Lucenda: Así es, mi señor, teníamos preparada una habitación, pero...

Héctor: No se preocupe, nos adaptaremos.

Lázaro: En cuanto el señor se levante, le avisaremos, solo que... no creo que... haya sido conveniente el no advertirnos.

Héctor: No se preocupen, en serio, con un techo en el que resguardarnos y con la atención y la hospitalidad del señor, nos damos por satisfechos, no necesitamos ningún trato preferente.

Lázaro: No lo digo por ustedes, sino por el señor.

Lucenda: Quizás...

Héctor: En cuanto se levante, háganoslo saber.

Fran: Sí, quiero conocer al maestro de maestros, me encantan sus tramas, tantas preguntas.

Héctor: Aún has de descansar un poco, es muy temprano.

Lucenda: Enviaré a Dárata para que os lleve más almohadas y alguna que otra manta, dos sillas y una pequeña mesa de cama, además de un orinal.

Héctor: Es muy amable. Yo mismo, en cuanto nos acomodemos, iré a ayudar.

Fran: Y yo. Yo también ayudaré.

Héctor: Sí, sí. ¿No decías hace un momento que tenías mucho sueño?

Fran: Eso era en la posada, se estaba tan calentito... el fresco me ha despertado, y me siento un poco mejor; quiero ver Madrid.

Lázaro: No sé si eso será posible, mi señor.

Una voz se entromete, le sigue un cuerpo. El ambiente cambia, el aire se hace más denso y noto todo mi cuerpo erizarse de una mezcla de emoción y respeto, de incertidumbre y ansiedad. No es un nuevo ataque. Él. Es él.

LV: Así es, mis señores, no creo que sea muy posible.

Tono seco y duro, don Lope es un hombre de carácter. El hábito de su orden le hace más viejo de lo que es. Su rostro vulgar y su semblante preocupado. Le intimido más que él a mí.

Héctor: Buenos días, mi señor. Don Lope, mi hijo Francisco.

Fran: Fran o Francis. Un honor, maestro.

Los silencios me permiten observar la cara de los mortales y diseccionar sus pensamientos, casi nunca acierto, pero imaginármelos lo hago muy bien.

Lázaro: No sabíamos nada, señor.

El criado rompe el hielo ante la cara de circunstancias de los presentes.

LV: Encantado. Don Héctor. Lucenda...
Lucenda: Sí, ¿mi señor? La habitación de los señores estaba preparada, ahora mandaré a Dárata para que la vuelva a preparar.
LV: Hazlo, por favor.
Héctor: Si me da permiso, iré a acomodar a mi hijo a los aposentos.
LV: Vuelva a hablar conmigo, he de salir a unos asuntos religiosos.
Héctor: Con su permiso.
Fran: Con su permiso.

Breve pero intenso y prometedor, ahora a descansar algo más. Mi fuerte no es la fuerza.

El rostro de los presentes sigue desencajado. Esperan pacientemente que los nuevos huéspedes lleguen a sus aposentos. Lucenda les ha acompañado y ha vuelto presta donde Lázaro y Lope de Vega esperan. Y tras un tiempo sin escuchar ni sus propias respiraciones se rompe el tenso silencio.

Lucenda: No sabíamos, señor...
LV: Yo tampoco. Esto es inadmisible, es una broma de mal gusto de «La señora gata», ella lo sabía y, aun así... no es de mi agrado.
Lázaro: Si me lo permite, podría buscar una excusa y sacarlos de casa. Se presenta una situación difícil, y siempre que el señor lo ordene..., además, hay muchas posadas; no tiene la obligación de alojarlos en su hogar.
LV: Ha sido inesperado, sorpresivo y hasta cruel, pero la hospitalidad y la palabra de un hombre están por encima de todo.

Lucenda: Exageráis, mis señores, serán unos días. No creo que el mundo se acabe por tenerlos entre nosotros. En todo caso, es mi humilde opinión, señor. Iré a avisar a Dárata para que me ayude.

Lázaro: La gente habla, Lucenda, y tener a un demonio en casa da mucho para ello.

LV: Agradezco vuestros pareceres. Sin duda la gente ya habla, y más vale que tú también hables, pero con la lengua limpia, Lázaro. No es un demonio, aunque los vecinos así lo vean con sus chismes y sus enjuiciamientos. Serán unos días, Lucenda, unos días no gratos. ¿Por qué esa mujer me los manda a mí y no a otro lugar? Mira que fue buena, amable y honesta cuando nos sirvió; la confianza no se paga así. Lázaro. Nada de acritud, sirve con apremio y vigila de cerca, que no les falte nada. Lucenda, no seas tan cortés y sigue siendo sincera. Os lo agradezco a ambos, comunicárselo a Dárata; más adelante hablaré con ella sobre la situación.

Lucenda: Señor...

Lázaro: Seré sus ojos y oídos, señor; velaré por la integridad de esta casa.

Lucenda: Cómo te gusta...

LV: Sí, cómo te gusta... No seas tan leal ni tan empalagoso, las palabras se las lleva el diablo, el dinero, o el viento.

Vuelve Héctor, rostro serio, ha notado lo que es palpable más allá de los sentidos, la tensión de hospedar a un tullido no se desvanece del ser humano por mucha recomendación que traigas, se enfrenta a una verdad compañera de viaje, es conocida, no es nueva y aun así sigue incomodando. Héctor lo afronta con energía, por su hijo, por su familia.

Héctor: Muy amable, señor; la habitación es amplia y con hermosas vistas a la villa de Madrid.

LV: Está en su casa, como dije; perdone mi tosco tono de este amanecer, aún estoy adormilado, trasnocho a menudo escribiendo, como comprenderá.

Héctor: Siento que la presencia de Francisco le haya trastocado, señor. Sé que no es bienvenido en muchos lugares, y si es de molestia, nos iremos. Se le notaba en el tono, en la cara, en el cuerpo, en el alma que le ha sorprendido para mal el verle. No queremos más que algo de usted, que no sabemos qué es. Yo anhelo curar a mi hijo de unas crisis fuertes que sufre últimamente, no necesitamos su incomodidad, quizás sí a su doctor, y luego, o antes, partiremos.

LV: Los seres como su hijo...

Héctor: Las personas como Francisco, querrá decir.

LV: (**No le gusta que le corrijan y su tono sube**) Las personas como su hijo ya saben que no son bien recibidas allá donde acuden. Este no es el caso, aquí tendrá mi hospitalidad, bien por mi palabra, o... por la «Señora Gata», pero no espere que yo lo cure. —**Amenazante**—. Y no salga a la calle. La gente mira como yo, reacciona como yo, pero no es hospitalaria como yo. Actúan contra ellos por endemoniados, o quién sabe qué piensan. Su destino suele ser humillaciones, si es que no... no quiero hablar, el mundo es duro, la gente es... cruel y simple.

Héctor: Lo sé. Agradecemos su consejo y sus palabras, no tenemos problema con eso, no conocemos a nadie como Francisco. Si bien hemos escuchado que los matan de jóvenes, los sacrifican o asesinan, es triste. Hemos sufrido insultos en la posada; aun así, Francisco es libre de elegir y de exponerse; le aseguro que mi Francisco no solo no está endemoniado, sino que es un ángel, y usted ha de ser Dios, si no, no estaría aquí.

LV: Dios de las letras, no de la medicina.

Héctor: Alguien creyó en usted para ser nuestro dios. Hasta entonces tendrá nuestra fe.

LV: Que la fe nos ampare a todos. Rezaré para que el doctor aplaque las dolencias de su hijo.

Héctor: Se llama Francisco. ¿Tanto le cuesta pronunciarlo?

LV: (**Suspira**)... Mi madre se llamaba Francisca. Dejémoslo ahí. He de salir, como le dije. Espero que estén cómodos; si necesitan algo háganselo saber a Dátara; Lucenda saldrá a comprar, y Lázaro se queda haciendo tareas. Solo una prohibición taxativa, no intenten entrar en la habitación de la puerta gris, está cerrada, siempre. Sé que al estar prohibida es más apetecible entrar, pero han de comprender que un hombre de letras y de Dios, tiene su intimidad. El resto de la casa es toda suya; mis sirvientes observarán y les servirán. Si salen a la calle, es cosa suya; sufrirán burlas e incluso agresiones. Avisados quedan.

Lázaro: De los fervorosos del señor.

LV: Sí, de los locos por la fe mal entendida, de hermanos con sed de sacrificios humanos como antaño, incluso de gentes aristócratas cegadas por exhibir su devoción, y por las noches...

Lázaro: Atracos, palizas, violaciones.

Héctor: (**Burlón**) Si me asegura que nos querrán violar a ambos, a mi Francisco no le detiene nadie para salir.

Lázaro: **(Ríe sorprendido por el negro humor de su forzoso y temporal nuevo amo).**

LV: (Mira con asombro ante el chiste sonriendo, despidiéndose apresuradamente).

Héctor: Gracias por los consejos y las advertencias, no tendrá queja de nuestro comportamiento.

LV: Que así sea. Avisaré personalmente al doctor para que se apresure a venir. Disfruten de mi hospitalidad o de lo que queda de ella.

Con paso presto y deseoso de salir de esa situación Lope de Vega se dirige a sus quehaceres dejando atrás lo que esperaba fuera una visita agradable.

El silencio presente hasta el último paso de don Lope de Vega. No se perpetúa más esa tensión porque el descaro de un criado sale a relucir.

Lázaro: El señor es muy amable para con ustedes. Otro en su situación les habría echado.
Héctor: El señor es muy amable, sí. Esta mañana, al salir de la posada, nos han escupido y lanzado huevos por las calles, ninguno nos alcanzó. Madrid es...
Lázaro: Es vulgar, hostil, hermosa, creativa e ignorante, a veces devota, a veces demoníaca. Me recuerda a mí mismo. Pero mi señor, don Héctor de Vico, un hijo como el suyo es un insulto a Dios.
Héctor: ¿Piensas como la gente?
Lázaro: Soy la gente y no pienso, soy un servidor, un criado, solo relato lo que ven mis ojos, lo que piensan otros.
Héctor: (Seguro de sí) Pues el insulto a Dios es mi mayor devoción, y espero insultarle más y más veces. Dios me lo ha regalado. ¡Qué pena que no esté el padrecito! Un fraile que nos ayudaba, comprendía y apoyaba a mi familia; él decía cosas hermosas de Francisco, y era de tu mismo dios; ¡cuál diferente es un mismo dios en personas distintas! Por eso la fe ha de ser por dentro. Dejemos temas y vayamos a la tarea. ¿Enviaste el mensaje a mi casa? **—El sirviente asiente**

con la cabeza, volviendo a su rol—. Bien, si puedes traer una manzanilla bien caliente, te lo agradeceré y preséntanos a esa criada de la que habláis, la de nombre extranjero, espero nos ayude.

Lázaro: Dárata. Aún duerme. Trasnocha trabajando. Id a vuestros aposentos y ya irá ella; es muy reconocible. Es joven y todo lo que una mujer joven puede ser.

Héctor: A Francisco le encantará conocerla.

Lázaro: A usted y a la humanidad también. Marcho a mis deberes.

Héctor: Yo a los míos.

Capítulo 6. Amor secreto

»Mi casa no queda lejos de la casa de mi amo. Soy muy servicial y creo que cariñosa, mis consejos siempre son tenidos en cuenta, mi labor es alabada por los otros criados y por otros señores que me tientan con llevarme a su servicio. Como espero deduzcáis no soy un perro sino Lucenda Díaz, madre de dos criaturas y veladora de la casa de don Lope, un buen amo, justo y honesto para conmigo, siempre sincero y gracioso, un hombre que nunca me ha mirado como a otras mujeres y eso hace que nuestra relación sea eterna e imperturbable ya que mis faldas solo se levantan para amigos suyos de alta alcurnia, eso sí, siempre que a mí me dé la gana, no soy una cualquiera, tengo esposo que se entretiene en contiendas militares y como no recibo la atención requerida... sumado a que los amigos del señor son limpios y con dinero pues una cuando apetece... se da un homenaje. No me veáis como una fresca, pues no es muy habitual, aunque habría que determinar qué considera cada cual habitual, yo sin pelos en mi lengua cada seis meses o así siempre que haya fuego ahí abajo. Os cuento todo esto pues es importante para mí que notéis algo diferente esta vez, lo especial del ahora, no soy de piedra ni quiero serlo y menos cuando me da vergüenza reconocer lo evidente. No me juzguéis por sentir como mujer libre que soy, y sí, recuerdo a mi marido, pero a estas alturas puede estar muerto en combate o en cualquier burdel olvidándose no de mí, sino incluso de sus dos hijos, a eso no le llamo yo compromiso, y mis hijos me

necesitan alegre y los hombres me daban esa alegría, ahora me dan sonrojos. Si veis que me mira, avisadme.

Mi tarea cotidiana es torpe, la escoba me pesa, mi mirada clavada en Lázaro y él no ceja en su afán de concluir con la limpieza de todo, riega, arregla, lava y tiende y yo no soy capaz de...De mantener esta escoba. Él no sabrá nada, nadie nunca lo descubrirá, seré una tumba. Al final, no puedo controlar mi lengua.

Lucenda: El señor De Vico es un señor muy educado.
Lázaro: El señor De Vico es un señor casado y muy responsable en algunos aspectos. Que te conozco, Lucenda.

O me conoce muy bien o se me lleva notando desde el primer momento. Noto los colores subir a mi rostro y de alguna forma bajar a mi bajo vientre.

Lucenda: Los casados pueden ser, además de responsables, bien parecidos y buenos amantes; bien sabré yo que el matrimonio no impide gozar de los placeres carnales, y una mujer como yo...
Lázaro: Es un señor.
Lucenda: No sería el primero, ni el último. Y déjame que le sirva con apremio, además, tú tienes esa acritud para con el pequeño...

Cambiar de tema me aliviará. Al menos he descubierto que soy tan libro abierto como las verduleras del mercado, y yo considerándome una maestra de la discreción.

Lázaro: ¿Pequeño? ¿No le defenderás porque te hayas enamorado de su padre?

Lucenda: ¡Exagerado!, una hace un comentario halagador y lo sacan de contexto.

Lázaro: No lo intentes. Vienen.

Cierto que vienen, les veo a lo lejos, padre e hijo, como siempre el hijo a su espalda, lo admiro, extraño por qué lo hace, me intriga, solo que no soy más que consciente de su olor, de cómo hace mojarme en mi feminidad, de sentirme mujer y ruborizada, no estoy orgullosa de ello, pero me sobrepasa, no lo controlo y he de superar esto y hay dos maneras, o me olvido de este señor o me lo llevo a mi lecho.

Lázaro: ¿Hacia dónde se dirigen sus mercedes?

Fran: Mi padre me lleva a ver la ciudad.

Lázaro: ¿No oyó las advertencias del señor?

Héctor: A Francisco no le da miedo.

Fran: Sé lo que soy, les doy envidia por mi hermosura, y por eso me tratan así, je, je. Quiero ver Madrid y a sus gentes, quiero ver el mercado, los parques y los palacios, y mi padre me los va a enseñar.

Lucenda: Señor, será duro para su espalda.

Igual se me ha notado que solo pienso en él, el chico me da pena, pero su desenfado me hace olvidarme de los peligros que le pueden acechar.

Héctor: Estamos acostumbrados. Esperemos que pronto traigan su silla.

Lázaro: ¿Estáis loco, señor?

Héctor: Para no pensar, decís demasiadas cosas. No se preocupe, Lázaro.

Fran: Eso, ya nos preocupamos por usted, que se queda aquí solito.

Lázaro: Lo decía por ustedes, por su integridad, mis señores.

Fran: Lázaro, levántate y aparta del camino de mi padre, que queremos ver Madrid, je, je; algo así le dijo el Señor a su primo Lázaro, claro que él estaba muerto, je, je.

Héctor: No bromees con el caballero, se asusta. Lázaro, disculpa a mi hijo, le encantan las bromas fáciles; creo que si nos metemos en líos es problema nuestro. A él le apetece ver Madrid, como a mí, y nos vamos a dar un regalo tras nuestro viaje accidentado. El doctor vendrá como pronto esta noche y queda día para descansar, así que nos marchamos, háganselo saber al señor si nos requiere, y preparen un baño caliente para eso de las 13.30, será para ambos; gracias.

Lucenda: Tendrán un baño en su punto.

Y yo te frotaré jabón mi apuesto señor de provincias. Ninguno puede notar cómo empapo mis enaguas con ese simple pensamiento y lo feliz que soy.

Fran: ¡¡A ver Madrid y a sus gentes!!

A lo lejos se van, la fuerza vuelve a mi escoba, quiero ya preparar ese baño.

Lázaro: Pobres. La ciudad, como todas, cruel para con los diferentes. Y Lucenda, borra esa sonrisilla de tu cara porque los colores te serán difíciles de ocultar. Y no te cruces las piernas tan descaradamente.

Soy muchas cosas malas, muchas otras buenas y en mi cabeza solo sé ahora que soy un libro abierto para Lázaro, solo espero que el señor no sea tan sutil... o sí.

»Caminar entre tanta vivienda y gentío es algo revitalizador no solo para él, no para mí, sino para cualquier ser de la existencia. Aunque la gente no muestra cuál afortunada es, sus rostros solo muestran cansancio y desconfianza, no se lo haré notar a Francisco. La construcción de un parque. Nos detiene, llama nuestra atención. Nunca vimos tal movilización de obreros. Pregunto y me dicen que se llamará del Buen Retiro. Una construcción Real, imperial. El tiempo se detiene y nuestros ojos no dejan ningún detalle. Qué hermoso es ver al ser humano unido, construyendo. Me pregunto cómo quedará acabado y si lo podremos disfrutar algún día. Mi hijo se lo estará preguntando también. Aunque muero de curiosidad por saber exactamente lo que le pasa por la cabeza, lo que me apremia es retomar la marcha, y con celeridad, pues supongo en Madrid, como en ningún lugar, los tomates acuden a uno de forma normal, y un tomate me acaba de dar en el hombro acompañado de un improperio, y volando sobre nuestras cabezas huevos y nuevos objetos que no me atrevo a describir por la premura de la marcha que ya es huida. Las prisas y el miedo se transforman en risas de alivio. Hemos vuelto a la senda de la casa de Don Lope. Nos toca descansar.

Capítulo 7. Baño caliente

El vapor de agua abre nuestros orificios nasales, algo de eucalipto llego a distinguir, es regenerador y relajante y así ha de ser. Francisco ha llegado agotado, no menos que yo. Nuestras ropas apestan en una banqueta cercana, los sirvientes han de estar muy ocupados pues apenas sí abrieron la puerta y desaparecieron, ya con la labor hecha de nuestro mandato de este baño digno de reyes. La bañera cuenta con unas piedras calientes que guardan la temperatura del agua, esto es un lujo que llevaré a mi casa para mí y mis sirvientes.

Fran: Ahora quiero ver el Alcázar por dentro.
Héctor: ¿Sabías que en el salón Dorado Don Lope representa sus obras teatrales? Pronto espero llevarte. ¿Qué te parece Madrid?
Fran: Las calles son preciosas y grandes. El mercado era tan diferente al del pueblo... mamá tendría los ojos como platos.
Héctor: Marta.

No puedo evitar echarla de menos, mi melancolía no ha de contagiar a Francisco, cambiaré el tono de mis pensamientos.

Fran: Mamá seguro que está echándote de menos. Claro que ver el mercado a esa velocidad... ¿cómo cogiste un tomate al vuelo?

Mi tono jocoso siempre tranquiliza a Francisco, no deja de ser mi pequeño.

Fran: Padre... soy tu hijo, je, je, je.

Irrumpe pavoneándose con una sonrisilla en su comisura, ya sabe la respuesta de sus preguntas y aun así la hace.

Lázaro: ¿Cómo les fue el paseo a los señores? Al menos veo que han vuelto sanos y salvos.
Fran: Y con la compra hecha. Los madrileños regalaban verduras, hortalizas y huevos.

Mi Francisco es más ávido que yo. Es mi hijo.

Héctor: Solo que los huevos están en la ropa... tal y como nos advertisteis, señor, la hospitalidad de los cristianos madrileños es admirable.
Fran: Si el padrecito estuviera aquí les enseñaba cristiandad.

El gesto de admiración y firmeza con la que pronuncia estas palabras hacen temer al sirviente.

Sigue burlón, lo intenta disimular, pero el triunfo suyo en esta batalla lo delata.

Lázaro: Ustedes tentasteis al pueblo. Solo que no ha pasado nada grave, ¿verdad? Las ropas las está lavando Dárata. En breve vendrá a conoceros.

Nuestro silencio le incomoda y le da a entender que ya nos hemos cansado de él.

Lázaro: ¿Es de vuestro agrado el baño? Huele raro.
Héctor: Son unas hierbas y sales que nos trajo el «padrecito», son para relajarse. Además, Lucenda nos ha dejado el agua calentita como nos gusta.
Fran: Hago pompitas... con la boca o... con el culo, son relajantes.

Francisco siempre saliendo por donde menos te lo esperas, solo que en este caso sin esperar la llegada de la mujer más preciosa que hayamos visto en muchos años, y es que entre el vapor se intuyen dos enormes pechos apretados a una camisa blanquecina cuyo escote atrapa a los ojos de los hombres, el pelo suelto cae sobre esas curvas y la falda que levita sobre el suelo nos dibuja unas nalgas perfectas, cuando se gire mi hijo sonreirá aún más.

Dárata: Mis señores...

Lázaro: Dárata.

Fran: ¡Qué bonita sois, Dara...ca!

Los ojos se le han abierto como esperaba, se tensa, la garganta se le retrae, la piel se sonroja y se mueve dentro de la bañera, a todo hombre nos agrada ver a una mujer así.

Les presento formalmente.

Héctor: Dárata, él es mi hijo Francisco.
Dárata: Sois muy amable, mi señorito.
Fran: Dárata, perdonad que no os reciba vestido. ¡Qué vergüenza, padre! No os escandalicéis damisela.

Dárata: No se preocupe, mi señor. Nací en un burdel y allí fui educada hasta que el señor me rescató para ponerme a su servicio. Hombres desnudos no tienen secretos para mí, ni me impresionan.

Héctor: Hijo... no seré yo quien te corte... se lo ha puesto fácil, Dárata.

Fran: Je, je, gracias padre. Habrás visto hombres, pero lo que yo tengo entre las piernas... eso no lo has visto en tu vida. **—Se ríen él y Lázaro.**

Sabía que diría eso.

Héctor: Perdónale, es atrevido ante damas.

Dárata: No se preocupe, mi señor.

Su mano juguetea alegre en el agua cerca de nuestra zona genital, he de pensar en algo horrible, y aun así me cuesta controlar mi virilidad, ¿le sucederá lo mismo a mi hijo?

Dárata: (**A Fran**) Habrá que ver eso de lo que habla el señorito, y espero que no esté dormidito, sino erguido como un soldado ante su admirada dama.

Fran: Ahora es que estoy cansado de huir de los tomates asesinos de Madrid, pero el soldado despertará.

Dárata: Y la dama estará midiendo... su encanto. **—Saca su mano del agua.**

Héctor: Dárata, no queremos molestarte mucho. Francisco necesita...

Fran: Que le frotes el cuerpo.

Héctor: Fran... que le pongas la cama un poco más dura, con alguna tabla debajo del colchón.

Lázaro: Son problemas, señor.

No me acordaba de él y aparece para desaparecer.

Lázaro: Ya iré yo, Dárata estará muy cansada, y visto lo visto, mejor se queda aquí con ustedes, acostumbrándose a su humor.

Dárata: Gracias, Lázaro.

Fran: Levántate y anda, Lázaro.

Dárata: Tiene el señor muy buen humor para estar enfermo.

Fran: No estoy enfermo, mi padre se preocupa demasiado.

Héctor: Es cierto, no está enfermo; solo tiene crisis mayores cada menos tiempo. Sin el padrecito no sabíamos qué hacer, y vinimos a casa de tu señor, que suponemos, tendrá la solución, o no. Sea lo que sea, conocer al maestro también es un aliciente, ¿verdad, Fran?

Fran: Sí, don Lope de Vega escribe teatro como nadie...

Héctor: Es un honor estar bajo su techo.

Dárata: Un honor y una salvación. Fui liberada de una vida de esclavitud y prostitución. Habéis venido al sitio ideal, o eso creo yo.

Se ha apoyado mostrando todo su escote a nuestros descarados ojos. Mi tono no duda en seguir como si no estuviera viendo y oyendo a un ángel.

Héctor: ¿Tú crees que nos podrá ayudar?

Dárata: Yo creo que le ayudaréis vosotros a él.

Fran: ¿De dónde es tu hermoso nombre?

Dárata: Me lo puso don Lope cuando me trajo a servir, hace 8 años. Seguro os intriga qué significa. Nadie lo ha escuchado antes. ¿Me equivoco? No significa nada, me puso la tarea de existir, y tal y como fuera mi vida, mi esencia, pasaría a los anales de la historia, así mi nombre tendría significado, y yo como la creadora del mismo.

Fran: Yo creo que significa la belleza de la sonrisa celestial en el reflejo de las aguas.

Mi hijo plasma toda la belleza de esta humana en sus palabras, ella sonríe agradecida, y sorprendida, no se esperaba tales halagos y levanta poco a poco su cuerpo para alejar de nuestros ojos sus atributos, sin darnos cuenta, ambos hemos sucumbido a la naturaleza.

Dárata: Yo, viéndote, creo que mi nombre significa más: «el alzamiento del soldado a mi paso, je, je».

Fran: Ja, ja.

Héctor: Ja, ja.

Nos ha descubierto y la situación es embarazosa, agradable y... tal vez para recordar.

Fran: Le gustarás al «padrecito».

Dárata: ¿Quién es ese tal «padrecito»?

Difícil describirlo con palabras, al «padrecito» hay que verle y tratarle.

Héctor: Es don Ariel, un fraile que ayudaba a Francisco. Joven, actual, con ideas innovadoras. Estas hierbas aromáticas y sales nos las dio él, relejan los cuerpos; es muy viajero, nos trae cosas del mundo, emprendió un largo viaje por oriente para obtener mayor conocimiento y ayudarnos. Mi hijo le adora, eso es mutuo, ¡ojalá pudieras conocerle!

Fran: Le gustarás. ¿Quieres probar ahora las sales?

Dárata: Huelen bien... Le suelo gustar a todos los curas verdes.

Fran: ¿Incluso a don Lope?

Héctor: Francisco, no seas impertinente.

Dárata: Incluso a don Lope, aunque él me respeta, no porque me vea como a una de sus hijas, sino porque tiene a otras.

Héctor: Gracias por tu sinceridad, pero no creo que debamos hablar de eso.

Dárata: Un hombre que esconde la evidencia no es un hombre. La vida no son apariencias para quien sabe ver más allá y las acepta. El señor es honesto y libre, nos quiere con la verdad por delante, con respeto. En esta casa le debemos todo, a pesar de que le gustan mucho las mujeres.

Fran: Como a mí.

Dárata: Se oye al señor, he de informarle.

Ni Francisco ni yo hemos escuchado nada, nos ha tenido absortos en su belleza. El baño ha sido muy relajante.

Fran: Gracias por traerme al paraíso.

Héctor: Te gustan todas, hijo.

No puedo evitar reírme con esto último, he hecho una broma irónica muy graciosa, si todas fueran así a todos nos gustarían todas, es cuando me viene a la mente mi Marta, bella y linda de cánones de belleza diferentes a esta jovencita, ella es mi amor y mi eterna mujer, como ella no hay ninguna. Qué ganas de contarle todo el viaje y verla sana junto a Francisco recuperado.

Capítulo 8. Vida de Francisco

Fran: (Off) Madrid vital, jovial, creciente, con un punto de terror y un mucho de ilusión. El futuro son tus calles iluminadas de candiles, y gentes viles. Es nuestra nueva historia. Mis aventuras silvestres ahora en la desconocida gran ciudad. La última, a lomos de mi querido caballo Sombra. Cuídale. Mi padre, como siempre, me lleva en su espalda. Echa mucho de menos a mi madre, necesita que acabemos pronto; quiero estar bien y volver a casa; ayúdanos de nuevo, Señor. Siempre nos escuchas en el campo, hazlo en la ciudad. Amén.

Tras mi oración, mi padre me baja a una sala común de la casa, donde los tres sirvientes nos sirven la cena. Don Lope no está y mi padre se retira a nuestros aposentos a escribir una carta a Juan María, mi hermano mayor, he de suponer que preguntará por mi madre e informará de nuestra estancia. No soy yo quien inicia la conversación, es Lucenda quien no para de preguntar sobre nuestra vida en el campo, y yo voy contestando con algo de fábula, sé que a Dárata le gustarán mis aventuras y poco a poco me voy animando a contarlas con más viveza, son muchas y con muchos detalles que me van viniendo a la cabeza, seguro olvido cosas, pero no parece importarles, están entregados a mis relatos, soy consciente que mi voz es torpe y mi habla lenta, a ellos no parece importarles mucho y me siguen preguntando. Les he hablado de los parajes de nuestra propiedad, de los huertos y el bosque, de mis amigos animales y de los animales enemigos necesarios para el equilibrio del bosque, de las lluvias y de las cosechas, de mis lecturas y trabajo en el campo, de algunos viajes y de las aventuras a espaldas de mi padre.

Lázaro es escéptico, Lucenda siempre empieza las preguntas con mi padre de protagonista y Dárata sonríe como una nena pequeña.

Fran: El incendio abarcaba unas 15 hectáreas. Mi padre y yo, a su espalda, lo recorrimos entero. El fuego arde bello en la oscuridad, abriendo paso con su violencia aterradora. Brilla y calienta por igual y todo lo que nos acercamos fue a 200 metros. La gente huía mientras mi padre organizaba la extinción.

Lucenda: Me parece increíble que tu padre cargue contigo para enseñarte esas cosas.

Dárata: Le enseña el mundo, cerca de él.

Fran: Como el canguro a su cría.

Todos: ¿El qué?

Fran: El canguro, ¿no sabéis qué es? Es un animal de lejanas tierras; el padrecito dice que él no ha visto ninguno, aunque sí en libros de lejanos países, y me dibujó uno; llevan a sus crías en una bolsa en la barriga. Mi padre me lleva en su espalda.

Lázaro: Ese padrecito te lee mucho.

Fran: Y yo a él.

Dárata: ¿Sabes leer?

Fran: Claro, ¿cuál te crees que es mi trabajo?

Lucenda: ¿Trabajas? ¿Lees?

Fran: ¿Quién os pensáis que soy? Hijo de Héctor y Marta, señores De Vico, lector oficial de nuestras tierras. Ese soy yo.

Lázaro: No te creo.

Fran: Acércame un libro. —**Se lo acercan y empieza a leer. Entra Héctor.**

Héctor: ¿Qué haces, hijo?

Dárata: ¡¡Sabe leer!!

Héctor: Claro. ¿Vosotros no?

Lázaro: Yo lo básico. Lucenda, un poco menos. Dárata, nada. Y dice que trabaja.

Héctor: Claro, nos lee en los campos, lee historias o nos hace resúmenes que se inventa para animarnos en las labores diarias, a veces nos canta canciones, y con su labor nosotros trabajamos más a gusto. Tiene sus obligaciones. Y hay más, desde que le canta a las gallinas, ponen más huevos, y las vacas dan más y mejor leche; los días que no trabaja, se nota la producción de estos víveres. Está más que comprobado, Francisco es nuestro más rentable jornalero.

Fran: A leer me enseñó el padrecito. Yo puedo enseñar a Dárata.

Dárata: Gracias, mi señor. No creo que pueda aprender.

Fran: Si yo pude, tú podrás.

Héctor: No has de alardear de tus talentos. ¿Qué más le has vacilado a esta buena gente?

Lázaro: De buena, poco; he estado a punto de pegarle una patada a su hijo unas tres veces.

Lucenda: Tres lecciones te ha dado.

Lázaro: ¿Cómo es que lleva a su hijo a sus espaldas?

Héctor: Hasta que aguante. Me gusta tenerlo cerca y a él le hace bien. Hemos recorrido muchos lugares, la costa mediterránea, las vascongadas, montañas, mares, ríos, ya sea a pie o a caballo, juntos. Hará cosa de un año que salimos menos. El último viaje fue a Guadix, a ver a un hermano mío que se casó con una bella mujer de aquellas tierras maravillosas.

Fran: Me encantaría volver a Guadix.

Lucenda: El señor tiene un amigo allí, es donde las cuevas, ¿verdad? Siempre la describe como una de las más hermosas ciudades del imperio, y dice que tiene los mejores melones de España. Mira de Amescua, gran escritor también. O eso dicen.

Héctor: Sí, Fran lo conoció; el sacerdote, ¿te acuerdas?

Fran: Don Lope es mejor que él.

Héctor: No compares, no es de buena educación.

Fran: Y más mujeriego, como yo.

Lázaro: Tienes tú de mujeriego lo que yo de invertido.

Fran: Me conozco todos los burdeles de la provincia. ¡Invertido!

Lucenda: ¿Cómo?

Héctor: ¿De qué se sorprenden? Mi hijo, cuando cumplió la edad de ser un hombre... no tenía acceso a mujeres a menos que...

Fran: Se vuelven locas las mujeres conmigo.

Héctor: Aunque mejor pagando, le hacen más caso. Y más feliz.

Fran: Cierto, papi.

Lázaro: ¡Válgame el Señor!

Lucenda: ¡Sí que nos sorprende el señorito!

Dárata: Así que el soldadito ha tenido sus batallas... je, je; me parece genial, eres más honesto que todos los que suelen ir por allí, ¡qué pena que no nos encontráramos!

Fran: Eso, ¡qué pena! Aún estás a tiempo...

Dárata: Dejé esa vida, mi buen señor Francisco; ahora solo me debo a labores de hogar y, quizás, a aprender a leer.

Héctor: Será un placer para mi hijo ser tu maestro. Ahora ha de ir a descansar, ha de estar presentable para el doctor, si es que viene esta noche.

Fran: ¡Una buena siesta, sí!

Héctor: Aunque querías ir al teatro y es a las 16 h, a ver si más adelante es posible. ¡A descansar!
Dárata: Les prepararé su cuarto.
Fran: Puedes hacer de sábana.
Dárata: Se lo diré a Lázaro, es su especialidad.
Fran: Déjalo, la cama está bien como está. Soñaré contigo.

Capítulo 9. Doctor

Las instancias reales siempre son aburridas y monótonas. Siempre deprisa para luego esperar, siempre formal para apenas avanzar, siempre exigencias y uno va estando muy mayor para tanta parafernalia.

Lo bueno es ver a las personas que necesitas o que pueden influir en los asuntos que necesitas en momentos como este, y más si lo afrontas como algo festivo y rememoramos viejas batallitas de juventud. A veces es cierto que la gente, con eso precisamente, se vuelve algo pesada con mis obras de teatro, actores, decorados que no le gustaron o que siguen apreciando a pesar del paso del tiempo. Yo soy más de avanzar hacia adelante y tener nuevos proyectos, los hechos, hechos están y las nuevas obras por plasmar son las que me apasionan, no sé cómo esas compañías de países extranjeros se empeñan en repetir las mismas obras una y otra vez. Será culpa de su público que pide lo mismo como gallinas sin personalidad.

Me arrimo a mi amigo el gran doctor de la realeza Don Fernando Lacalle, hombre de buen beber y de vida ostentosa. Famoso en medio reino y gran alcahuete de hombres poderosos, no hay en el imperio persona noble que no haya solicitado sus servicios. Yo le caigo bien, mis obras le han divertido y le han hecho beneficiarse de alguna cortesana entre debates y tertulias mías, también yo he gozado con ello junto a él y eso une a los hombres. De ese modo conseguí fuera el médico de mi familia, y nuestra amistad de años se agranda a cada instancia real aburrida a la que acudimos. Charlamos de política, arte, mujeres y a veces hasta de religión, mi amigo cojea notablemente desde hará unos meses, la edad se nos nota a todos y su hermoso bastón desde entonces le acompaña dándole un halo más señorial. Viste elegante, no tuvo una educación de noble, quiere parecerse a ellos y a mi ojo perspicaz que ni lo consigue ni lo conseguirá, y solo se engaña a sí mismo y a algún nuevo noble como él. No deja de ser simpático si le encuentras su debilidad que, como la mía, son las bellas mujeres.

Doctor: ¡Que no se me olvide! El Conde Duque de Olivares me manda recuerdos para su maestría.

De reírnos de los guardas jóvenes de palacio pasa a nombrarme a uno que va de enterado por la vida, uno con suerte, el de más poder. La sonrisa de su rostro denota esa ironía que hace que juguemos a niños inteligentes.

LV: El Conde Duque es un apasionado de Tirso, su *Burlador de Sevilla* es sabido que es su obra favorita, no sé por qué se molesta en mandarme saludos.

Doctor: Amigo mío, tu tensión es palpable. Cierto, él mismo lo proclama. Son saludos de cortesía, algo normal; también os admira a vos.

LV: Más me admiraría si me pagara como debiera.

Doctor: La corona es caprichosa, Su Majestad es débil de carácter.

LV: Y el otro es listo de la vida. Debería gobernar un dramaturgo, le pondríamos más imaginación a los asuntos de Estado.

Doctor: Sí, pero las guerras no son historias, son realidades.

LV: Las guerras se pueden ganar con palabras sin derramar sangre.

Doctor: ¿Acaso queréis dejarme sin trabajo?

Agudo mi amigo.

LV: Me encantaría... pero sabes que lo que tengo entre manos te tendrá ocupado un tiempo.

Doctor: ¿Es tal y como me habéis contado?

Hablarle de mi visita no ha sido agradable, pero es el asunto que me hace ser cordial con él, lo necesito.

LV: Vos mismo lo veréis. Complicado. No me he expresado bien. Más complicado aún. —*Ahora sí, mi voz se ha vuelto seria y contundente, ha de haber captado la importancia.*

Doctor: Mejor. Soy un gran médico.

LV: Me preocupa lo que se pueda decir, ya sabes lo cruel que son las lenguas, cuanto antes soluciones el problema, mejor.

En el recibidor nos espera mi hija sor Marcela, siempre atenta y callada, formal y fría, se nota que es hija de su madre, Micaela de Luján, de mí tiene poco.

Marcela: Padre, doctor. Ya estoy a su entera disposición.

LV: Tenemos invitados, padre e hijo, los señores De Vico, están hospedados en casa por recomendación de la señora Gata.

Marcela: ¿Cómo está María? ¿Qué noticias trae?

LV: Se encuentra bien, es solo un problema médico del hijo de nuestro invitado.

Marcela: El doctor está aquí para ello. Además de visitarte, padre, he de comprar ya las reses de la casa Tudor, los negocios no han de esperar más.

Héctor irrumpe como si estuviera en su casa, montando a su hijo en sus espaldas, yo le di permiso, mis dos acompañantes miran anonadados, sé el porqué.

Héctor: ¿Se puede?
LV: Adelante, don Héctor; estos son el doctor Fernando Lacalle y la hermana Marcela, mi hija.
Marcela: ¡¡Por todos los demonios!!

No hace falta que describa la reacción histérica de mi hija al ver a ambos huéspedes míos.

Doctor: Señores.

Siempre cordial para con los desconocidos este Doctor.

Héctor: Él es Francisco, mi hijo.
Fran: Y él es mi padre, el que necesita asistencia.
Marcela: ¡Insolente! Un respeto a tu padre.
Fran: Perdone, hermana.
Héctor: No pasa nada. El respeto que me profesa Francisco lo hace con su alegría.
Marcela: En esta casa rigen las normas de Dios y de mi padre.
LV: Marcela, tranquila. Deja que estén como en su casa.
Doctor: Vamos un poco tarde.
Héctor: Estábamos hablando de la última vez que fuimos a las playas de Cádiz. Francisco se enamoró.

Fran: Ella de mí.

Héctor: Je, je, tú loco por ella, la chica del cabello dorado.

Fran: Malena. Me vino su imagen al ver a las mujeres de Madrid. Tan bella, que mi padre le preguntó su nombre, para que ella calmara su pasión por mí.

Marcela: ¿Estuvisteis por la ciudad? Estáis insultando a mi padre. No podéis salir con... un enfermo.

Fran: No estoy enfermo.

Doctor: Eso lo decido yo.

Fran: Solo que llevo sin masturbarme mucho tiempo.

Marcela: ¡¡Dios santo!!

LV: Héctor, controle el lenguaje de su hijo.

Héctor: Solo hace mención a un acto fisiológico y necesario, no veo en qué ofende con su lenguaje.

Marcela: A Dios y a nosotros.

Héctor: Disculpen. Si es su deseo, hablaremos con hipocresía e ironía. Doctor, mi hijo padece unos ligeros síntomas de resfriado que le hacen no poder andar.

Marcela: Padre, no aguanto esta conversación. Si me disculpa... Más adelante hablaremos de negocios y de lo que desee.

LV: Hija, estás disculpada. Luego charlaremos.

Mutis de Marcela, con un apreciable enfado, conozco a mi hija y no se le pasará, luego me preocuparé por ella.

LV: Disculpen a mi hija, está en una fase fervorosa religiosa, es joven. ¡Doctor!

Doctor: Es curioso el caso. —**Lo inspecciona, le toca por el cráneo, los hombros, las piernas, el torso...**

Fran: Me hace cosquillas.

Héctor: En el último año, sufre ataques descontrolados, le hacen expulsar espuma por la boca y descontrola las articulaciones. Estamos acostumbrados, pero Francisco queda agotado y lo pasa muy mal, sufre. Quiero evitarlos.

Doctor: Le entiendo. Marcela habría dicho que el demonio le gana la batalla a Cristo. Es similar a ciertos casos... he de estudiar a su hijo con detenimiento, que no salga de la habitación y durante dos días vendré a visitarle y a hacerle pruebas.

Héctor: ¿Por qué no ha de salir?

Doctor: No ha de verle la gente, en casa estará mejor.

Héctor: Permítame contradecirle. Si no hay ninguna prescripción médica mayor, mi hijo es feliz paseando y viendo gente.

LV: Gente que le escupe e insulta.

Fran: Maestro, a esos, a los que más, les doy envidia.

LV: Es un punto de vista. Son viles. Francisco, ya me han hablado de tus logros; tendremos que charlar más.

Doctor: No ha de salir. No sabemos si es contagioso. ¿Cómo fue?

Héctor: No es contagioso, no diga tonterías. A los 16 años se cayó de un caballo al galope, el golpe le dejó muy mal. El padrecito mejoró mucho su salud, sus consejos y trabajo... Ahora no está entre nosotros.

Doctor: ¿Murió?

Héctor: Que sepamos, no. Se fue de viaje hace unos tres años, a Oriente.

Doctor: Si está bajo mi supervisión, que no salga de su habitación; si no, no lo trataré. Traeré unos preparados, a ver cómo reacciona y poder diagnosticar con mayor precisión.

Héctor: Muy bien, doctor.

Fran: ¡Padre! Yo quería ir a ver las obras del nuevo parque del Buen Retiro. Y las representaciones de teatro, y otro mercado.

LV: Podrás pasear por la casa. No estará hacinado en la habitación.

Héctor: Gracias, señor.

Doctor: Volveré mañana, como tenía previsto.

LV: Mañana nos vemos, Fernando.

Mutis del doctor. Entra Lucenda. Todo parece una coreografía de un mal vodevil.

Lucenda: Me puedo encargar del señorito, vayan a sus quehaceres.

LV: Gracias, Lucenda; llevaré a don Héctor a una taberna de un buen amigo... dialogaremos largo y tendido.

Capítulo 10. Multi-situación

10 - a) *Acomodar al nuevo señorito no es tarea fácil, se suma a todos los trabajos que tenemos en la casa y el cansancio va haciendo mella, sin embargo, la alegría y desparpajo que desprende nos hace a todos hacerlo de la mejor gana posible. Dárata sonríe más de lo que nunca hubiera imaginado y eso la hace aún más bella, a pesar de ser una mujer creo que a veces me apetece apretar sus nalgas y besar esa boca de labios gruesos. Menos mal que el señor De Vico me despierta pasiones más húmedas.*

Lucenda: ¿Qué más le apetece al señorito?

Tras haberle traído una infusión de tila con limón exprimido y algo de pimienta, tras acomodarle en su cama y limpiarle los zapatos tanto como he podido. Su silencio me preocupa.

Fran: ¡Qué me abrace desnuda Dárata!

Rio porque el muchacho es gracioso. No solo rompe sus silencios y me calma, también rompe su tristeza y se le ve con ganas de travesuras. Es un pillo.

Lucenda: Y yo que tú seas el príncipe.
Fran: ¿Ese tipejo feo y acomplejado? Yo soy más *molongui.*
Lucenda: ¿*Molongui*? ¿Qué palabra es esa?

Y sigue sorprendiéndonos. Me quedaría horas y horas escuchando a este muchacho tan... diferente.

Fran: El padrecito dice que nos hemos de inventar el lenguaje y hacerlo nuestro, como el maestro Don Lope, en sus obras crea palabras.

Lucenda: ¿Y tu padre te permite eso? Es un señor muy educado. Yo nunca leí nada del maestro. Alguna vez vi alguna comedia, no me gusta el teatro. Bueno, sí, me gustaría ser actriz, por eso no quiero verlo, me surgen tentaciones.

Fran: Como con mi padre, ¿verdad?

No he controlado el abrir los ojos y mi silencio me delata. Ahora he de salir yo del apuro, de mi realidad, lo sabe Francisco, lo saben todos... o tal vez solo este muchacho. Apostemos por dar un paso más o acabar la partida.

Lucenda: Tiene esposa, ¿verdad? Es un hombre muy... hombre.

Hasta el chico se ha dado cuenta. Innegable. No puedo sonrojarme, no puedo... Da igual que lo sepa todo el mundo, ese hombre ha de pasar por mi lecho. La apuesta está hecha.

Fran: Mi mami se llama Marta, se aman mucho, y lo de ser hombres es de familia. Yo seré actor, se lo diré a Don Lope, que nos meta en una de sus comedias con mujeres jóvenes.

Lo de la madre aplaca mis ansias y deseo por ese hombre. No sé dónde meterme, no le aguanto la mirada y mi rostro ha de estar muy colorado y justo aparece Dárata, coqueteando con el señorito, le gusta sentirse hermosa, como su hermosa juventud. A mí me da una tregua y la atención como siempre pasa a ella.

Dárata: ¿Mujeres como yo?

10 - b) *En una celda de mi convento. No solo tengo que vivir entre estas míseras paredes, sino que he de aguantar la desfachatez de la presencia de esa gentuza en casa de mi padre y ahora para solucionar esto he de soportar al asqueroso del predecible doctor. Su olor me da arcadas. Su mirada es falsa e interesada y su voz me chirría en el interior de mi cabeza. Últimamente toda la gente me provoca estos síntomas.*

Doctor: El caso es muy..., con la diferencia de la mala educación que el chico profesa a los cuatro vientos. Don Lope me ha dado directrices muy concretas al respecto, y sin más dilación he de ponerme a trabajar en ello.

Sigue dilatando lo importante. Necesitamos contundencia.

Marcela: Ese ser ha de salir de la casa de mi padre.
Doctor: No puedo hacer nada.
Marcela: Claro que puede. —*Mi mano se desliza sugerentemente por el débil pecho del engatusado hombre. Me da asco, me hierve la sangre*—. Ha de hacer entrar a mi padre en razón; es una aberración, y él bien lo sabe, pero no actúa más que con la honestidad de un hombre mayor y torpe; no sabe a qué se enfrenta. Los ojos de Dios son justos, pero los de los hombres son viles. —*Noto cómo se hincha su pantalón. Su latido, su respiración. Y me siento poderosa. Estoy cómoda con esta situación.*

Doctor: Hablaré con Don Lope.

Mi mano por fin encuentra el miembro anatómico despertado. Es agradable sentir su dureza. Lo aprieto y le susurro.

Marcela: Hablarás conmigo, bajo mis faldas o con mi oro; aunque vuestra merced es más digno, bastará con los designios divinos.

Suelto la tentación y me alejo unos metros. He de guardarme mis armas. No quiero insistir en la importancia del asunto.

Doctor: Hay ciertos procedimientos tradicionales, el chico no aguantará mucho.

Parece que no he de bajar la guardia e insistir. Lo beso en la mejilla. El solo siente deseo y por mí solo corre el desprecio.

Marcela: Vaya, Dios alaba sus actos.
Doctor: Espero que lo alabe tu padre, que es quien me paga.

Me ha apartado él. Su orgullo ha salido por fin. Esta noche pensará en mí. Mañana también. El oro es lo más importante. No puede escapar de todo lo que le ofrezco.

Marcela: Tendrás más recompensa material si es eso lo que deseas, la mano del señor ha de ser recompensada.

10 - c) Lope y Héctor. En la taberna

Es la primera vez que la gente me molesta al entrar y salir, y no paran de charlotear con sus estúpidas y simplonas vidas. El olor a desechos humanos no abandona mi mente, y lo peor es que me encantaba esa sensación cuando necesitaba escribir sobre algún malvado, ahora deseo mi paz espiritual en este nido de cotorras varoniles. Los vasos se van acumulando y mis argucias se ven mermadas, mis vasos se van vaciando y los suyos se mantienen intactos, mis palabras se doblan y su actitud se refuerza. Ataquemos directamente.

LV: Su hijo es indisciplinado, enfermo, casi demoníaco, y me empieza a... no sé, a inquietar.
Héctor: Mi hijo es lo mejor que tengo, es todo amor y naturalidad, nunca le haría daño a nadie.

Su tono por fin denota algo de variabilidad y de inflexión, le ha afectado.

LV: No puede. Se bebe bien.

No estoy muy fino en mis gracias.

Héctor: Le haría ilusión que le hablara de teatro, de poesía, él ha leído a los clásicos, y le encantan sus obras. Aunque sus favoritas son *El Quijote, El Príncipe Constante y el Burlador de Sevilla.*
LV: ¡¡Ya estamos!! Eso no ayuda a que su hijo me caiga mejor. La calidad de esas obras es discutible, fuera de su ingenio. Fuera... de... Lo sé, son obras maestras, hasta yo mis-

mo las admiro. Pero, ¡qué diantre!, bebamos. Hábleme de usted y de su familia.

El alcohol es sorprendente, me hace enfadarme, discurrir y cambiar de tema en menos de un instante.

Héctor: Yo soy Francisco y mi familia es Francisco.

Me tambaleo recomponiendo mi ridícula postura. Veo perfectamente que me mira como yo miro a esos borrachos simplones.

LV: Ya veo... y el trabajo, las tierras, ¿qué tal?
Héctor: Francisco.
LV: ¿Su mujer? ¿Reza?
Héctor: ...Francisco.
LV: Su hermano de Guadix... amigo de mi amigo Mira de Amezcua... ¿a qué se dedica?
Héctor: A velar por Francisco.

Vayamos a lo seguro, a mí me ha hecho caer. Entereza... y aguante.

LV: Le diré que es la vez que más me aburro en esta taberna, y eso que llevo sin beber mucho, aun así... admiro su tozudez... ¿Otra cerveza?

10 - d) Se escucha un caballo al galope

El barro se levanta alborotado a nuestro paso. Caballo y jinete unidos venciendo al viento. La premura hace que ambos no observemos el peligro que nos persigue, cualquier resbalón es nuestra muerte. No es camino para contemplar y aun así destacan los restos de una fogata grande con restos de sangre. Se me pasa por la cabeza un ritual sin dejar de creer lo más obvio, supervivencia tras un accidente. Soy buen jinete, tengo gran caballo y un objetivo por cumplir. Ni la nieve, ni el hielo, ni mis pensamientos han de retrasarme, ya ha pasado demasiado tiempo. Es hora del reencuentro.

10 - a) Fran, Dárata y Lucenda

Cuando hablo de la familia y de mis aventuras cotidianas la gente mueve los músculos de sus rostros de formas inesperadas y creo que hasta imposibles de reproducir. Yo, como no me veo, pues no sé cómo reacciono a mis parlamentos. Sí es cierto que cada vez que recuerdo a Rodrigo se me encoje el corazón. Padre no quería que fuera a la guerra, pero él era un hombre fuerte y hábil guerrero. Él me enseñó a luchar con espadas de pequeño, antes de mis penurias físicas. Siento no acordarme mucho, mi padre me cuenta cómo era yo de niño y qué hacía. El accidente me hizo olvidar, aunque a las personas supuestamente normales también se les olvida de dónde vienen y cosas más importantes. Yo les hablo y les hablo de Rodrigo, sin acordarme de decirles que ya no está entre nosotros, porque para mí siempre está en mi corazón. Mi héroe, mi amigo, mi hermano.

Fran: Mi hermano mayor, Rodrigo, murió en la guerra.
Dárata: Me lo dijo tu padre, le interrogué sobre vos; tienes a Juan María vivo, soltero... ummm.

Fran: Como yo, pero en feo, y yo soy más hombre. Juan María siempre fue el feo y yo el guapo, Rodrigo el resultón.

Dárata: Y Azucena, con tus tres sobrinos, Fernandito, Héctor e Isabel.

Lucenda: ¿Y tú eres buen tito? ¿Les enseñas a nadar en los ríos, robar frutas silvestres, a cazar lagartijas?

Su tono jocoso e irónico se le volverá de sorpresa.

Fran: Os lo dijo mi padre... y a leer historias de libros de aventuras, les hablo de teatro y poesía, de amores y de honor, de cómo disfrutar la vida. Les enseño canciones. —**Canta desentonando—:** *Que el eterno sol te ilumine, el amor te rodee, y la luz pura interior guíe tu camino.* Lo mío no es el canto. Pero es parte de mi labor.

Dárata: Lucenda, yo estoy igual de sorprendida que tú, o más. Muy bien, mi maestro de lectura, ¿cuándo empezamos?

Ya tengo a mi alumna deseada. Rodrigo tiene que estar muerto de envidia en el cielo y a Juan María se lo he de contar con pelos y señales, le escribiré una carta describiendo la piel y el olor de esta mujer indescriptible. Soy un seductor.

Lucenda: Yo atiendo un rato y voy a sustituir a Lázaro.

10 - e) María Sandel

En el caserío de la meseta, en un cuarto amplio y con bellas vistas a los montes, en el centro de la misma y con la mirada en un crucifijo y las rodillas en las baldosas, María Sandel reza, como cristiana que es, a su Dios.

María Sandel: Padre nuestro que estás en el cielo, cuida de Francisco y dale salvación a su cuerpo y alma. Ojalá el señor Lope les ayude bajo tu cielo. Mi Cristo y mi Señora María de la Esperanza, en sus manos dejo mis plegarias hacia el cielo de esta casa. ¡Qué vacía se ha quedado sin sus señores!

Dios siempre escucha a los sinceros de corazón. Nuestro Dios que nos pone pruebas constantemente, sé que cuidará del bendito de nuestro inocente señorito.

10 - c) Lope y Héctor

Sacar temas en las tabernas se me daba mejor de joven, incluso ahora me planteo si son convenientes, mi moral ha cambiado con los años, cuanto añoro mi juventud y su insolencia. Rememoremos hablar sin tapujos.

LV: No me puedo creer que su hijo haya ido de putas tantas veces.

Héctor: Yo no lo inicié, fue el padre Ariel; él lo llevó, yo tenía mis reticencias. Francisco estuvo cinco días con la sonrisa en la boca, ni un atisbo de pena, ni crisis. Otra cerveza, tabernero.

LV: Algún día escribiré algo sobre un burdel de mujeres feas que traen locos a los hombres.

Héctor: Eso lo piensa mi Francisco, dice que el mundo lo mueve la belleza y lo perfecto, que hay más vida en lo débil, algún día la debilidad se revolucionará contra lo establecido.

LV: Como en Fuenteovejuna, solo que a lo grande.

Héctor: Sí, esa idea seguro que la ha sacado de usted, como tantas otras. Él se cree a veces el galán de sus obras.

LV: Su hijo piensa bien para ser un endemoniado.
Héctor: Es un angelado. Ha de conocerle más.

Cuánta razón, he de conocerle mucho más. Creo que debería irme de tabernas con el hijo, no con el padre.

10 - b) Doctor

Esto, lo otro, aquella cosa. No es como lo recuerdo de joven. Hay más polvo en los frascos, marca el paso inexorable del tiempo. Todo permanece y nada es igual. El resultado ha de ser el deseado, soy uno de los mejores doctores del reino y lo voy a demostrar. Los libros viejos de ancestrales recetas me encantaban hace tanto ya que es un vago sueño lo que me parece, ahora desearía quemarlos todos e irme a una taberna. Hay tantas posibilidades en las mezclas de estos productos... y cantidades exactas. Eso no lo respeto, un poco más de cada y seguro que es más efectivo. Tendría yo que escribir uno de estos libros, uno nuevo, sin olor a rancio. Algún joven escribiente me hará el trabajo. Es más fácil la vida de mayor. Esto huele a rayos. Dejaré que repose mientras... aquí estáis bellas y brillantes monedas doradas, venid con «papi». Quince, veintisiete, cuarenta y cinco. Os quiero a todas. Ahora a volver a vuestro escondite, tras mis libros inútiles, donde nadie más que «papi» viene a visitaros. Debería probar su bella eficacia. Así que esta hermosa indumentaria se queda aquí de nuevo. **—Se desviste de unas prendas interiores femeninas—.** *El mercado de las «ratas», allí encontraré algún mozo que no me negará una comida caliente. Botecito, voy a probarte.*

10 - a) Dárata y Fran

Me habla sin dejar de mover sus ojos por todo mi cuerpo, cuando me dice algo importante no quita sus ojos de los míos, si fuéramos nada más que ojos ya me habría comido y... yo a él. No puedo penetrar en su alma, es reservado en abrir más que sus palabras, palabras que nacen de su voz quebrada y voluntariosa, voz llena de sinceridad e ilusión, que se mezcla con mis risas y mis asombros. Este hombrecillo es más espectáculo que los titiriteros ambulantes.

Dárata: Ja, ja, esto último no me lo creo. Eres un muchacho muy travieso... y muy gracioso.
Fran: Dárata... ¿me puedes llevar a la habitación prohibida?
Dárata: ...

10 - f) El doctor

No hay tiempo para probaturas, el camino es el mismo y apremia el tiempo. Cada vez que lo veo mis sensaciones cambian, no sé ni cómo ni por qué. He de hacerlo y lo antes posible. Respiro, que si me ahogo no llego. Ir de incógnito por la ciudad siempre es un contratiempo, mejor en la Corte con todas sus libertades. Llegué.

Doctor: Dárata, dale esto al niño.
Fran: No soy un niño. Soy un hombretón.
Doctor: Dárata, eres testigo de la insolencia de este niño, a la próxima te azotaré. A mí me debes un respeto.
Fran: Siempre que tú me lo tengas a mí.
Doctor: Te lo advertí. Te has ganado una buena.

Dárata: No. Detened esto.

Doctor: Y la criada me da órdenes también, ¿dónde hemos llegado?

Miedo me da la voracidad de esta mujer, tan segura y tan perversamente hermosa. Están callados, ellos también me tienen miedo.

Dárata: Recuerde que soy una mujer libre, no vuelva a levantarme la voz. Deje sus preparados para Francisco que ya se los haré tomar más adelante. Váyase ahora mismo.

Doctor: ¿Me amenazas? Don Lope se enterará de esto.

Dárata: Por su bien que no lo haga. Porque se pondrá de mi lado y lo sufrirá usted.

Entra Lucenda.

Lucenda: Han traído una silla de madera para el señorito, con ruedas. Nunca había visto algo semejante.

Fran: ¡Bien!

Doctor: Mejor que me marche a mis quehaceres en la Corte. Aquí hay mucha rebeldía e insolencia.

Francisco: Puerta. Y a por mi silla.

Entran Lope y Héctor algo inestables.

LV: Doctor.

Doctor: Señores, marcho con apremio. Eduquen a sus... Hablaremos. —**Mutis del Doctor.**

Héctor: Un hombre misterioso, sin lugar a duda.

Dárata: Un hombre, sin más.

Héctor: ¡Fran llegó tu silla!

Capítulo 11. Habitación de la puerta gris

Dormir es un gran placer. Dormir es recuperar el cuerpo tras las aventuras o trabajos realizados. Me gusta en invierno el calor de las mantas y recordar desde su cobijo el día anterior, ensoñar esperando el reparador sueño o escapar a él y vivir otra inesperada aventura. Todo planeado, fríamente calculado, pero como siempre, falla algo. El sueño me domina.

Héctor: Fran... ya duermen todos.

Fran: ¡¡Qué sueño!!!

Héctor: ¡¡Vamos!! ¿No querías entrar en esa habitación? Además, llevas toda la noche tosiendo. Y algún gasecillo. Has de tomar más infusiones del padrecito.

Fran: Son los mejunjes que me dio ese doctor, no me gustan. A veces desearía dormir eternamente. Estaba soñando con la chica de los cabellos dorados, y esta vez casi sin ropa.

Héctor: Ella estaría soñando contigo, pero la despertaste con tus ruidos. Vamos, y silencio. Y cierra la garganta y el...

Fran: La garganta como el culo, siempre prietos. Malena... aunque a Dárata también le gusto, y tú a Lucenda.

Héctor: Estamos aquí para desentrañar el misterio de esa habitación, no para seducir a las damiselas del servicio del señor que nos acoge.

Fran: Se hace la dura.

Héctor: ¿Sigues queriendo ir a investigar? Seguro, siempre te gustó la noche. ¡Si te conoceré! ¡Como si te hubiera parido!

Fran: Esa es mamá. La echo de menos. —**Comienza a toser.**

Héctor: Baja la voz, esto es la aventura de los dos hombres más fuertes de la comarca. Tenemos una misión; encontrar la obra oculta del gran Lope de Vega, del fénix de los ingenios, somos espías infiltrados, en una misión a vida o muerte. ¿Ves algo?

Fran: No. —**Tos**—. Tampoco escucho nada importante, salvo al dragón de la puerta masticando tabaco.

Héctor: Silencio o las arpías fantasmales nos darán caza. Huelo el arte, hay dos habitaciones cerradas con llave dentro de la casa. Según le pude sacar a Don Lope, una es un almacén de libros viejos y algunos muebles. La otra... le cambió la cara, dejó de hablar y eso que iba piripi, así que allí está el tesoro. Una puerta gris que vamos a derribar.

Fran: Prefiero que sea la obra secreta del maestro —**Tos**—, la obra que es el culmen de la literatura dramática.

Héctor: Una obra superior al *Quijote*, u otra prohibidísima, censuradísima. La primera puerta... ¿el almacén? Shhh. ¡La abro yo! No puedo. Será el dolor de cabeza del vino de esa taberna.

Fran: Vamos a la prohibida, a la prohibida. —**Tos—.** A la gris. —**Tos.**

Aparece a lo lejos un candil. Se va acercando. La vela de nuestros aventureros se apaga por un leve soplido, pero sus siluetas no escapan a la luz brillante del candil.

Dárata: ¡¡Señores!!

Fran: Nos pilló.

Héctor: Dárata, buenas noches.

Dárata: No me digan, quieren entrar en la habitación de la puerta gris. No les está permitido, y que no se entere el señor, se enfadaría muy mucho.

Fran: ¿No nos descubrirás? Le gusto.

Héctor: A Fran le gusta investigar por las noches, es un juego inocente, así se cansa y duerme mejor. Hoy éramos espías.

Dárata: No por hoy. La puerta está cerrada y vosotros a dormir.

Fran: Queremos ver el tesoro que guarda. —**Tos.**

Dárata: Mañana te doy un tesoro.

Fran: Tus braguitas... je, je

Dárata: Era dejar que me dieras jabón mientras me bañaba en agua caliente. Pero si te conformas con ropa interior sucia...

Fran: No, no, tu regalo me gusta. —**Tos.**

Dárata: A dormir, y prométeme que serás bueno.

Fran: Muy bueno.

Héctor: El padrecito siempre le dice que sea travieso, si fuera bueno... sería muy peligroso. Ser buenos implica hacer lo que el otro quiere y... es como una sumisión.

Dárata: Es lo que quiero, que hagáis lo que os digo. Sed buenos y a dormir.

El sonido de la puerta principal golpeada con violencia para las altas horas de la madrugada que son debería despertar no solo a los habitantes de la casa sino también a parte del vecindario.

Héctor: ¡La puerta! Es muy tarde.

Dárata: Tu tos ha despertado a los vecinos y alguien se viene a quejar.

Fran: Espero que sea a las vecinas.

Dárata: Eres insaciable, señorito. Me gusta esa determinación de ti. Yo voy a comprobar quien es y vosotros a vuestros aposentos a la de ya.

Héctor: Te acompañaremos, ya que no podemos ser espías seremos guardaespaldas de la más bella damisela de la madrugada.

Fran: Así se habla, papi.

Dárata abre la ventanilla de la puerta principal, un hombre con capucha, muy abrigado. Misterioso y desconocido. Apenas se le atisba el rostro. La luz de la noche baila junto a la del candil para iluminar a Dárata con unas sombras que realzan su natural y salvaje belleza exótica.

Hombre: Ojos pardos jóvenes... vivos, locos y con aire de fuego. Busco al ser más increíble y bello del mundo, se encuentra en esta casa, aunque por lo que veo es un lugar de seres maravillosos.

Dárata: Está usted loco, son cerca de las cuatro de la madrugada.

Héctor: ¿Ariel? Abra la puerta, es nuestro querido amigo.

Fran: ¡¡Padrecito!!

La puerta se abre con evidente escándalo en la noche y se precipitan los abrazos y gestos de alegría. Los corazones se agitan. Es la reacción a una verdadera amistad.

Ariel: Un abrazo, Fran. Hola, Héctor. Y yo exprimiendo al caballo para que mis hombretones estén divirtiéndose con una bella damisela.

Dárata: No nos divertíamos, íbamos a dormir.

Ariel: Un poco a mis horas, señorita... ¿o señora?

Fran: Señorita. Y te gusta. Como a todos.

Dárata: ¡¡Es un fraile!! Aunque parece un pordiosero.

Ariel: Gracias por el cumplido, ojos de la noche. Espero verlos de día.

Héctor: Dárata, él es Ariel, el padre Ariel, espero que sea considerado invitado igual que nosotros, es de la familia y llevamos mucho sin vernos, casi tres años. Has venido a vernos ¿verdad?

Ariel: Llegué a casa y no os encontré. Cuando me lo contaron... apenas he descansado. Hagámoslo ahora y mañana nos contamos.

Ir a dormir tras reencontrar a un amigo es una bendición, el cuerpo, incluso el mío tullido, descansa, mi mente, aunque tullida, descansa, y sé que mañana será un bello día y placentero por el simple hecho de que mi amigo ha vuelto a mi vida, un maestro, un compañero, mi familia. No sé qué habrá en nuestro cuerpo que agradece las buenas cosas que nos suceden. Deseando que amanezca y el padrecito me cuente sus aventuras, yo no las habré vivido, pero él me hará revivirlas, mañana toca vivir.

Capítulo 12. Padrecito

Un sol cegador irrumpe en el frío invierno creando una tregua al cielo gris. Es muy temprano y algún gallo empieza a oírse. La ciudad amaneció algo más tarde en su rutina capitalina y el gris vuelve a cubrir el cielo de la joven Madrid. Nuestra casa se ve invadida por una calma inusual que no pasa desapercibida a sus inquilinos.

Madrugar no es mi fuerte, la noche siempre me ha embriagado para bajo la luz de los candiles y velas escribir lo que el hombre diurno sueña con vivir. Tengo de compañera de viaje a la luna y a las musas nocturnas, y su tranquilidad me mece en profundas reflexiones que plasmo en mis escritos. Siempre escribir, siempre crear nuevas vidas, siempre en lo oculto y parte en lo prohibido. La noche es misteriosa, es enigmática, te embruja y te posee, te domina y te enamora. Yo cada noche correspondo a ese amor y me sumerjo en mis ensoñaciones, mis historias se las debo a esa magia y no me ha ido mal, solo un precio que pagar... mi día empieza cuando otros almuerzan.

LV: Lázaro.

Lázaro: Señor.

LV: Extrañamente la casa duerme. Extrañamente son las once de la mañana. Y...

Lázaro: Tenemos un nuevo invitado. El padre Ariel, es el guía espiritual de Don Héctor de Vico y familia. Se levantó a las 7 de la mañana y se puso a hacer ejercicios raros en el patio. Se cruzó con el doctor. El doctor dejó más medicinas, unas y otras. Por la tarde, a las 16 h, volverá; tenía asuntos regios.

LV: ¿Soy demasiado hospitalario?

Lázaro: Señor, usted sabrá sacar algo bueno de ello.

LV: Soy un religioso al igual que el hombre de los ejercicios raros, estoy en mi casa unos días para escribir alguna comedia, me viene un señor de un pueblo con su hijo enfermo, mis hijos... los que me quedan, o no sé dónde están, o raptados o religiosos a mi pesar... necesito descansar de mí mismo. Haz llamar al fraile.

¡Santo Cristo de Limpias! Ahora entiendo por qué Lázaro no me ha descrito al tal Ariel, no le hubiera creído. Ropajes raídos solo que con estilo elegante, la cresta de su cabello cual cepillo de colores, rapado a un lado y con trenza de caída lateral en el otro, y juraría que todo su cuerpo está tatuado, medio rostro lo está seguro. Afinaré mis ojos y mis oídos a ver qué saco de este... peculiar nuevo huésped mío.

Ariel: Don Lope, Padre Lope...

LV: Con padre me vale. ¿Eres? De qué orden, nadie me lo ha dicho aún.

Ariel: Teatino, teatino; no suelo llevar el hábito. Es usted un maestro. Es un orgullo conocerlo.

LV: Vino por el chico.

Ariel: Por...

LV: Francisco.

Ariel: Fran. Sí, vine por él. Le echaba de menos.

LV: Has estado viajando y, según ellos, tú llevabas los temas de su enfermedad, ¿los teatinos no os dedicáis a... mendigar?

Por cierto, ¿has descubierto algo nuevo de su enfermedad? Para curarlo, mejorarlo.

Ariel: Siempre viajando se aprenden cosas, ahora hay que probarlas.

LV: Lo harás bajo la supervisión de mi médico. Y que san Cayetano de Thiene nos ampare.

Ariel: Así haré. Gracias por su hospitalidad. He de ir a por algunos ingredientes.

LV: Puede mandar a algún criado disponible.

Ariel: Me gusta elegirlos personalmente. Aunque ahora que lo menciona, Dárata me podría acompañar.

LV: Estará descansando. Vaya solo. Le esperamos para comer.

Ariel: Si me permite. —**Mutis de Ariel**

LV: Interesante.... —**Piensa.**

Si la noche anterior me dicen que voy a soñar despierto con un ser colorido venido de la mente rebuscada de algún druida loco del siglo V, pues como que no me lo creo. La realidad supera a mi ficción. Su olor, al principio no caí, es embriagador e hipnotizador. He de viajar más... he de hacer tantas cosas que ya no puedo... tendré que observar bien a mi colega teatino e intentar ver a través de sus experiencias. Si fuera un bufón gastándome una broma tampoco me extrañaría, todo es posible desde hace unos días. Lo que no es posible es que yo vaya con esa cresta en la cabeza y el pelo teñido de azul, rojo y naranja, más esos tatuajes y anillos en todo su cuello. Me gustaría exhibir a este espécimen en la Corte, se pensarían que estaríamos a punto de hacer alguna nueva rara obra, y lo peor es que he sido feliz, a pesar de las sorpresas mi mente se siente eufórica, despierta, y colapsada ante tanta inesperada novedad. Si esto es lo que sienten mis lectores y espectadores, qué afortunados son aquellos que lo viven.

Capítulo 13. Mejunjes

Las palabras se amontonan en nuestras cabezas trasladándonos a parajes extranjeros y exóticos. Ariel ha vivido mil vidas en Oriente y nuestras cabezas no pueden parar de estar ansiosos por escuchar mil más. Francisco está feliz de tenerlo, yo mucho más tranquilo. Ariel es el hombre más inquieto que he conocido nunca y eso le hace ser sabio pues no decae ante mil impedimentos. Se motiva con la dificultad, le atrae lo desconocido, se vuelca con lo imposible. Siempre positivo y siempre resolutivo, ansioso por aprender hasta del más necio y hábil como el mayor artesano, ante todo es nuestro amigo y ángel de la guarda de Francisco.

La conversación se alarga y Francisco se está sobrexcitando, debemos parar aún con multitud de dudas por aclarar, mucho por repetir y detallar. Ariel marcha, sus quehaceres son siempre un misterio a los que intento no poner respuesta, la intriga de su persona es parte de su encanto. Yo arropo a Francisco para que descanse, estar cerca de él me tranquiliza, nos da paz mutuamente. Yo descansaré si él lo hace.

Héctor: ¡¡Ariel! ¡¡¡Lázaro!!! ¡Lucenda, Dárata, señor...! Un ataque, traigan a Ariel. ¡¡Padrecito!! ¡¡¡Doctor!!! ¡¡Traigan a alguno, rápido!!

La urgencia nace de entre las tinieblas de la tranquilidad, sin avisar, de golpe, toda la calma ahora es pasado y la incer-

tidumbre mi presente. Sus manos son fuertes y golpean en movimientos inesperados y diabólicamente poderosos, no consigo aplacarle entre mis brazos y me voy agotando, él es incansable en este estado alterado, parece no tener fin ni límite, quizás solo sean cinco minutos, pero como si fueran cinco largas vidas. Parece que su cuerpo también se agota, y en esa pequeña tregua unos pasos ligeros se acercan.

Lázaro: El padre Ariel salió. Está de compras, iré a por el doctor.

Los golpes merman mi rostro, mi imagen entre magulladuras, sangre, jadeos, moratones es la imagen de alguien decaído, pero mi ánimo no flaquea, se vuelve más fuerte pues espero ayuda de gente sabia, estamos en las mejores manos. Nuevos pasos creo sentir aproximarse. Varias personas esta vez, aunque yo solo siento brazos ayudarme en mi tarea, brazos que me sostienen a mí, brazos que dan calor y nos salvan.

Los criados han reducido a Fran, y el doctor no parece muy seguro de acercarse. Duda, no me gusta ese hombre.

El tiempo pasa lento y por fin el padrecito llega y su determinación es palpable, echa a los criados.

Doctor: Es más grave de lo que pensaba. Que se tome los preparados por la noche y por la mañana.

No me gusta escuchar ciertas palabras, el ánimo aparentemente fuerte es débil. Y es otra voz la que diga lo que diga me da fuerza de nuevo.

Ariel: ¿Me deja mirarle ese pie?
Doctor: ¿El mío?

Ariel: Es una simple... manipulación.

Ante mis ojos ocurren los acontecimientos. El padrecito decidido y con mala cara arremete contra el cuerpo del doctor haciendo que este caiga de manera sutil y no dolorosa contra el suelo, quedando el pie que cojea en las manos del padrecito, ese pie es... digamos que retorcido de forma brusca y sonora, no solo por el grito de pavor del doctor sino por el propio sonido de huesos... moviéndose. El doctor se arrastra huyendo de las manos del padrecito, pero su huida es... ágil, rápida y, para sorpresa mía y del vivido señor de la casa, sin cojera; después, la sorpresa sería del dueño del pie, pues a los diez segundos el propio doctor se da cuenta de su nueva forma de caminar y... queriendo imitar su antigua cojera, torpemente desiste de su instintiva idea para reconocer el milagro.

Doctor: Gracias. ¿Cómo...?
Ariel: Viajar. Ahora puede ir libre y ligeramente a buscar soluciones para Fran.
Héctor: Ariel. Gracias, doctor. Puede volver más adelante.
LV: Estamos todos consternados. Yo voy a comer un poco. Si no les importa acompañaré al doctor, ahora podrá ir a mi ritmo. Descansad si podéis.

Mutis de Lope y del doctor.

Deseando se alejasen los pasos de Don Lope y el doctor, mis pensamientos no tardarían mucho en hacer acto de presencia ante mi eterno confesor y amigo, solo en su figura encuentro comprensión y paz.

Héctor: Vine por consejo de María.

Ariel: Yo me encargo de todo, o al menos de lo que pueda. Héctor, que se tome esta cocción, en esta medida, solo un litro de agua, durante diez minutos. Luego leche de vaca caliente y que la vomite, luego esta otra infusión, es manzanilla con cúrcuma y cominos. Y... dame un bote de los que te ha dado el gran doctor. No le des la dosis, mejor prevenir que curar.
Héctor: Él es médico.
Ariel: Y mira su pie ahora.
Lucenda: Ya está todo listo.
Ariel: Luego hablamos, hay mucho que contar.
Héctor: Sí.

No es la primera vez que hago algún preparado para mi hijo. Desde los comienzos de nuestras nuevas vidas, allá por un pasado duro de recordar, mi mujer y yo nos volcamos con las directrices de Ariel, a pesar de tener a nuestro servicio gente muy competente, tanto Marta como yo queríamos estar en primera línea de la evolución de nuestro querido hijo. El dolor se lleva dentro y fuera, y la abnegación triunfa. Qué bella luchadora es Marta. No puedo permitirme pensar en ella y debilitarme. Cuánto la echo de menos. Todo está en la mente como dice Ariel, he de pensar que ella está perfecta, simplemente esperándonos. La cocción lista, como siempre la pruebo, sabe a rayos, eso me ayuda a saber con lo que lidia Fran. Siempre le han ido bien estos mejunjes. Sueltan el vientre... bastante... mucho. Ufff, vaya serenata nos está dando el trasero de mi hijo. ¡Qué escándalo! ¡Ja, ja, ja, ja!

Héctor: ¡Qué apuro! Disculpe.
Lucenda: No se preocupe, señorito, yo estoy acostumbrada.
Dárata: (**Desde lejos**) Escucho y huelo tus regalos.
Fran: Calientan la cama.

Dárata: Yo creo que me marearía si me acerco.

Héctor: Eso es como caer rendida a sus encantos. Je, je.

Lucenda: Dejemos descansar al señorito y que descanse nuestro olfato.

Héctor: Tienes mejor cara. Descansa.

Fran: A soñar.

Dárata: Te estaré vigilando. —**Guiña un ojo**.

Capítulo 14. Marcela y Doctor

En alguna habitación oscura del convento.

Mis sentimientos a un lado y las expectativas físicas casi por el suelo, y aun así creo en mi victoria final. Aún siento sus jadeos y sus babas por mí, vestirse tras un mal acto fornicador apresurada por el asco no me deja pensar adecuadamente. Mis sacrificios siendo pequeños tendrán una gran repercusión en mi futuro, así lo siento, así lo ha entendido el objeto de mis manipulaciones. Simples hombres. Si todos se dejaran seducir por estas artes todo sería más sencillo. No consigo sacarme el sabor de su sucia boca, aunque mi vagina lo ha disfrutado sintiendo a todo Satanás dentro de mí. Hay que conocer bien al enemigo para vencer sus tretas más sutiles y peligrosas. Soportar 90 kilos de carne sobre mi trasero me ha tenido entretenida en no ver cómo me mira y me devora a cada sacudida, lo peor es que lo hace a cada prenda que me coloco y eso me va poniendo más y más nerviosa. Este silencio me mata. Qué puede estar pensando un viejo doctor venido a más por el capricho de una corte. Y lo peor es que parece que quiere hablar.

Doctor: Sospechan. Ese cura me miró como nunca lo hizo un hombre, vio dentro de mí, sabe que miento, me curó el pie tocándomelo.

Marcela: No exageres, mañana iré a conocerlo, veremos si ve dentro de mí. Tú sigue el procedimiento.

Doctor: Si no le afecta nada, con todo lo que le he dado... primero, tos; luego gases, unos pedos increíbles; le doy un veneno sutil y se tira ventosidades. La crisis fue más por excitación, por aceleración del corazón. El veneno debería haberle hecho sangrar, y él solo se tiraba ventosidades en plena crisis.

Marcela: Es impertinente hasta en el sufrimiento. Es un demonio que hay que sacar de mi casa. No lo tolero.

Capítulo 15. Seducción

Ariel y Dárata en el cobertizo de la casa.

Asiáticas de pelo negro, piel clara y ojos rasgados, morenas de piel y labios gruesos, mujeres de cabellos dorados del norte de Europa, mujeres de todos los confines del mundo y mis sentidos solo tienen atención para esa criada de sonrisa grácil, de senos imponentes y trasero descomunalmente proporcionado. Su olor me embriaga y la mente no me funciona, esto ya lo he sentido cientos de veces, pero ahora es como si esas veces se hubieran unido y me golpearan mis pocos sesos. Amor, lo llaman, esto es obsesión. Obsesión de amor soñada, deseada y pasional que quiero sentir en mi entrepierna y con todos mis sentidos afinados. La observo, la persigo, yo creo que aún no se ha dado cuenta. O puede ser que todos lo hayan apreciado... he perdido sutileza, pero mejor jugar con las cartas sobre la mesa. Ahí la veo, natural como la feminidad misma clamando porque siga observándola en la distancia. Poco a poco me acercaré sin que me oiga y me apretaré contra ella por su retaguardia.

Ariel: Ojos besados por el fuego.
Dárata: Lengua afilada y ojos salidos de las órbitas.
Ariel: Sí, lengua afilada; encantos, sed cantados con libertad, y esos senos piden recoger la luz del atardecer. O quizás sus dulces nalgas quieran apretarse contra mis amaneceres.
Dárata: Francisco me advirtió.

Ariel: Él soy yo, lo llevo dentro, me conoce.
Dárata: ¿Tiene un soldado como el de él?
Ariel: Este es el general.
Dárata: Todos los hombres presumen de virilidad, hasta los curas y los tullidos.
Ariel: Los hombres con los que te cruzas nos volvemos sabiamente animales, pues Dios te creó para sentir todo el esplendor de la vida. Eres un regalo para quien te posea.
Dárata: O una cruz... fui tan deseada, que maté a tres hombres de amor.
Ariel: ¡Que sean cuatro, cinco, o mil! Hombre que ama a una mujer, hombre que toca la divinidad.
Dárata: Mujer que amó a tres hombres, muertos los tres.
Ariel: En paz, viven en su paz. Aquí hay agitación.
Dárata: Votos.
Ariel: Dios nos ve, no nos juzga.
Dárata: No me preocupa Dios en vida, quizás sí en la muerte. Dejemos que otro más se derrita entre mis brazos.
Ariel: O tú en mis besos.
Dárata: Prefiero los de Francisco.
Ariel: Yo soy él, él soy yo.
Mutis de Dárata.

¡Que me devoren todos los miedos del mundo! Qué deseo más profundo. Me siento fuera de mí, animal, salvaje. Agua fría y una buena infusión calmante es lo que voy a buscar o me escalaré los muros de la ciudad. Necesito meditar y... volver a verla. Qué mujer, qué dulzura oscura, qué tentación viviente. Ella es... es... Dárata.

Capítulo 16. El precio del silencio

El doctor en su laboratorio preparando unos mejunjes. Está muy concentrado en añadir unas gotas letales a su preparación. La concentración es acompañada de una canción tarareada que denota felicidad ante su obra de arte de «curación».

En el recuerdo de juventud quedan ya mis maestros superados por mi pericia y dedicación. Muchas vidas han costado estos conocimientos, vidas sin valor, vidas de viles presos del Imperio, vidas en pro de la ciencia. Todo me agranda el espíritu y mi patria me enorgullecerá por mis servicios prestados, debería ser más condecorado, claro que mis premios últimamente son lujuriosos y de color dorado. No quepo en mí, todo esto del muchacho tullido se ha convertido en un premio a degustar lentamente y hacerme valer como imprescindible. Mejunjes magistrales a expensas del toque definitivo. La mano del maestro, o sea, yo.

Entra Lázaro sin hacer ruido.

Doctor: Eres tú, Lázaro. En unos escasos segundos tengo los remedios preparados para que los lleves. —**Silencio**—. No te esperaba tan temprano, pero como ves, estoy a punto de acabarlos. —**Silencio**—. No dices nada, ¿algo te preocupa? —**Entrega los botes con los remedios**—. Sonríe, hace un día maravilloso.

Lázaro: **—Silencio.**

Doctor: Apresúrate. ¿Qué te sucede?

Lázaro: Nada, ya me vuelvo. Me apasiona su trabajo.

Doctor: Gracias. Dígale a Don Lope que iré a visitarlo mañana, esta noche estaré ocupado.

Lázaro: Con la belleza de la luna llena joven.

Doctor: ¿Cómo has dicho?

Lázaro: «Con el encanto de ser la mano ejecutora del señor, bajo las faldas mismas que cubren de oro al siervo de la voz divina». Las paredes oyen y los criados ven incluso en las noches más oscuras. Doña Marcela no es fácil de... gratificar.

Doctor: ¿Qué estas insinuando? ¿Qué quieres?

Lázaro: Veinte monedas de plata serán suficientes... por ahora.

Doctor: Las tendrás si me aseguras tu confidencialidad.

Lázaro: Eso es harina de otro costal.

Lázaro se acerca cautelosamente con la mirada clavada en los ojos del inteligente doctor que descifra enseguida el lenguaje corporal del criado. Siente estar entre la espada y la pared... cede al chantaje y... sus pantalones caen.

Sucede lo que tiene que suceder. Uno de ellos se siente poderoso, triunfante y satisface sus instintos bajos sin analizarlos, el otro no detiene su análisis de lo que acontece y cada segundo se le torna una eternidad de sufrimiento, decadencia y tortura que en otras múltiples ocasiones él causaba a infelices víctimas, solo que él ahora ocupa su lugar, y con lloros y rabia la marca se le grabará a fuego en su alma.

Es algo de lo que nunca hablará el doctor. Es el precio del silencio.

Capítulo 17. Andanzas

Ariel, Fran y Héctor

No parar de reír, llenar de carcajadas y mocos nuestros ropajes solo podría ser posible si es el padrecito quien nos narra sus peripecias en tierras orientales. Él de por sí ya es gracioso, y unido a las mil anécdotas con personajes surgidos de cuentos extravagantes... esto no lo olvidaré mientras viva, imaginarle ordeñando una vaca para comer y que se monte un auténtico jaleo a punto de costarle su cabeza no tuvo que ser gracioso, pero aquí lo es y mucho. Francisco es más feliz que yo y eso me deja pleno. Reír nos relaja a todos. Marta, ojalá estuvieras compartiendo estos momentos con nosotros.

Fran: ¿Y de mujeres?

Ariel: Nada. Ejem...

Fran: Por eso ahora solo piensas en Dárata.

Ariel: Me ocupas más tú que cualquier ángel de la tierra.

Fran: Me tendrás que contar más despacio lo del manual de posturas sexuales.

Ariel: *El Kamasutra*, es más una manera de objetivar el acto sexual, el cuerpo como un templo al que darle placer para llegar a la esencia del alma, cuerpo y alma es lo mismo. Se trata con respeto, sabiduría y trabajo. Como os decía, ¡hay tanto que aprender de otras culturas!... y sobre todo en el sexo, ellos lo convierten en ciencia.

Fran: ¡Voy a ser científico!

Héctor: Hijo, no dudo que serías de los grandes, pero creo que te conozco y todas las maravillas de las que habla Ariel preferirías verlas.

Fran: ¿Me llevarás?

Ariel: Si te recuperas pronto, te llevaremos. Hay una época en la que no para de llover. El monzón. Y hace una temperatura genial.

Héctor: Y nos llevaremos a mamá. ¡La echo tanto de menos!...

Fran: No más que yo.

Ariel: Cuando pasé por vuestra casa atendí a Marta; no estaba bien. Le dejé unas nuevas infusiones y le di instrucciones a Azucena. Mejorará, es fuerte como tú, Fran. Juan María quiere verte para contarte algo de una cortesana.

Fran: Mami, estaré bien en breve e iré a cuidarte.

Entra Lope de Vega.

Ariel: No me gusta lo que toma del doctor.

LV: Si se ha recuperado.

Ariel: Porque yo le doy otros preparados y lo que el doctor le daba... se lo di a Lázaro.

LV: ¿Por eso está Lázaro sangrando por el recto?

Ariel: Por eso no me gusta su doctor.

Héctor: Don Ariel lo ha mejorado, la cuestión es ¿por qué me envió María?

LV: Eso quisiera saber yo, ¿por qué os envió? Igual porque quería vengarse de ambas familias, igual porque soñaba con que murieseis en el camino, igual porque el remedio del doctor es a largo plazo. No lo sabemos. Llamaré al doctor. Lucenda, llama al doctor Lacalle.

Los pasos de Lucenda se alejan y nada queda en el ambiente, ni pensamientos ni palabras, ni miradas. Bueno, sí, tensión. Mucha tensión. Mientras esperamos al doctor estuvimos hablando de todo un poco, uno sacaba un tema, otro hablaba de su rutina, tantas cosas por la cabeza y pocas concretas. El señor Lope de Vega tiene un gran carácter, es duro, directo y se nota acostumbrado a mandar. Lo poco que hemos visto en nuestra instancia es que es querido por todos y todos le obedecen sin rechistar, se le nota incómodo con nosotros, y el carácter del padrecito le saca de sus modales.

Héctor: Haya calma. Enfadarse no sirve de nada, hay que sumar y no restar.

Ariel: Nadie está enfadado, ¿verdad, maestro?

LV: Verdad, padre Ariel. Don Héctor tiene razón. Mejor sumar.

Fran: ¿Maestro soy yo, no? No pienso enseñaros nada más, mis pequeños... pequeños...

Ariel: Saltamontes... saltamontes.

LV: No entiendo tu humor, aun así me fascina que nunca lo pierdas.

Ariel: El humor es parte de su rehabilitación.

Aparecen el doctor y la hermana Marcela.

Doctor: Se me acusa de algo muy grave. Calculen sus palabras, soy médico y usted un monje teatino, debería ser un monaguillo raro. Mi medicina es buena y bien lo sabe el señor, soy el médico de la Corte, al rey no le gustarán estas acusaciones.

Héctor: ¿Ha visto cómo está el pobre Lázaro?

Doctor: El efecto solo es sobre los problemas de su hijo, a la gente sana le afecta sangrando.

Ariel: Sea a quien sea, le afecta a mal el intestino... claro que igual usted no sabe qué es eso. Si sangra el recto, mal. Pruébelo usted.

Marcela: Padre, dedíquese a las tareas pastorales.

Ariel: Hermana... cuido de mi rebaño. Rece por nosotros.

Doctor: Usted no sabe nada.

LV: Haya paz. Curen al muchacho como sea y váyanse cuando este lo esté. Ahora todos fuera. Quiero pensar.

Pensar es solucionar algo en nuestra cabeza, o buscar alternativas a aquello que nos inquieta. Nada de nada. Mi pensar de ahora ha sido simplemente expulsar a las personas de mi alrededor, algo totalmente banal, ineficaz interiormente en mí, otras veces, portentosamente. Está colapsada, la edad, el todo. Voy a pensar en si no pensar en nada sirve de algo en algún momento. ¿Cómo acallar las mentes si no es con ideas claras y concretas? Debo escribir, igual así pienso.

Capítulo 18. Noche

Noches hubo y noches habrá, pero la que nos concierne es la de hoy. Noche invernal, ataviados de ropajes, sin calzado para maximizar el sigilo, los juegos nos gustan y nuestras aventuras no cesarán nunca. La casa duerme y nosotros soñamos despiertos con el tesoro mejor guardado del Imperio, la búsqueda de lo prohibido nos motiva a mi padre, a mí y a nuestro nuevo compañero, el padrecito. Cada vez conocemos mejor la casa y sus costumbres y nos inquietan ciertas de ellas. El silencio es lo primordial.

Héctor: ¡Fran, shhh! Controla los gases.
Fran: No puedo. ¿Hoy quiénes somos? ¿Unos espías?
Ariel: Shhhh, unos ninjas.
Fran: Eso no sé qué es.
Ariel: Ya te contaré detenidamente, resumiendo... Las sombras de la noche, los guerreros del silencio, muy de más allá de Oriente.
Héctor: Yo soy la mascota.
Ariel: Y yo... el que abre las puertas. Pero solo las puertas que contienen el tesoro que mi amigo anhela, ver la obra oculta del gran Lope de Vega.
Héctor: ¿En la biblioteca?

Robusta de impolutos detalles mudéjares y forja castellana, de un roble fuerte, sin duda es una puerta digna de una forta-

leza de los sentidos, es la puerta que yo hubiera elegido para disfrutar de atravesarla a diario. La puerta de los tesoros, de los tesoros literarios de un hombre instruido.

Ariel: No. Si os han prohibido entrar en una, es porque es en esa en la que hay un tesoro. La otra... se abre fácil, ¡click! La biblioteca, acerca la luz.

Fran: Muchos libros.

Ariel: Sí, todos normales. Un candado muy sencillo de abrir. Era obvio que está así para despistar sobre posibles investigaciones de la censura. Vayamos a la otra.

Héctor: No se abrirá.

Ariel: Veremos, Héctor. Podríamos estar en el Alcázar robando obras de Velázquez, Fran.

Atravesamos tres estancias más de esta inmensa casa de 25 habitaciones, subimos a otra planta, los silencios se alternan con ruidos de la noche y de nuestra propia incursión. Creo que nos siguen, nos vigilan. Llegamos y el padrecito intenta abrir la puerta... sin ningún éxito.

Fran: ¿Me llevarás a conocer a Don Diego de Velázquez?

Héctor: Hablaré con Don Lope, a ver si mueve sus hilos y a ver si se le pasa el enfado. ¿Y tú no aprendiste a robar en ese viaje?

Ariel: No cosas materiales... bueno, sí, solo que no había puertas. Es raro se me resistan las cerraduras... más me intriga que es lo que guardan dentro, claro que... aquí está la solución. Nos has descubierto, Dárata.

Dárata: Otra vez... y ahora con un bandido más.

Ariel: Somos traviesos, la noche nos inquieta.

Dárata: A la cama.

Ariel: Esos ojos... me hechizas los votos... muérdeme, pégame o bésame, pero hazme algo.

Dárata se acerca a abofetearle, pero el padrecito saca un bote, ella lo huele y cae mareada.

Y tras esos ojos fuego hay... unas llaves.

Abren... oscuridad, una habitación grande, con una sola ventana a lo lejos. Descubren...

Lucenda: ¿Quién anda ahí? **—pregunta desde dentro.**

Oscuro.

Capítulo 19. La Obra al descubierto

Decenas de viajes en los que la vida te sorprende con aprendizajes y te curte con experiencias insospechadas que algunas se recogen en libros y quedan para las batallitas en las tabernas, me jacto de ser un hombre de mundo, de anticipar los acontecimientos y de equilibrar mis emociones y en esta noche que se apaga, tras descubrir lo inaudito me siento perdido y sin aliento. Fran abatido y Héctor incrédulo e indignado. La criada partió hace un tiempo para informar y el señor despertará hoy más temprano ante el devenir de los acontecimientos. La obra oculta del mayor dramaturgo de este imperio está al descubierto y... nos va a transformar a todos. A mí, Ariel, el primero.

En el patio de la casa. Llega Marcela acompañada de Lucenda que se apresura a marchar al interior de la casa.

Marcela: ¡La hospitalidad de mi padre traicionada! Es mi casa, no es tolerable; os abre las puertas y le traéis la vergüenza, los despojos de Dios cuando ya tiene uno.

Ariel: No es tolerable su actitud, no puede ocultar algo así. No es digno de Dios.

Marcela: ¿Un mendicante me replica? Es más, un pecador, un libertino que rompe sus votos. ¡Cómo miras a las mujeres!

Ariel: Soy un clérigo regular, un teatino, y el celibato es una imposición humana, no divina; seguiremos los juegos de los hombres, pero haremos la obra de Dios.

Marcela: Dios es muy cruel y mi padre fue bondadoso dándole cobijo y alimento a un ser que hubiera muerto. Le otorgó un médico y tres sirvientes.

Ariel: ¡Ja! Un médico que le mantiene con vida vegetativa, poco más. Tu padre no es digno de actuar de este modo.

Marcela: Mi padre está fuera y mando yo. Mi hermana se quedará en esa habitación para siempre.

Ariel: Lo veremos.

Postrada en una cama, medianamente aseada, atada una cuerda a su pierna derecha, sin un atisbo de movilidad, un rostro apagado y una piel sin lustre. Nunca podré quitar de mi pecho esa primera mirada de desesperación. Francisca es su nombre y es hija del gran Lope de Vega, del infame dueño de esta casa, y no pudimos evitar sentir que el destino de nuestro Fran sería el mismo entre esta especie de gentes que no sienten más que con sus intereses. Todo debe cambiar, todo.

Capítulo 20. Amenazas

El frío acero pesa y se levanta a la hora del despertar del maestro de maestros. El resto de mi ser son pensamientos y rabia por doquier.

LV: ¿Qué ocurre?

Héctor: (**Con la espada en la mano**) Debería matarte ahora mismo.

Ariel: Hemos encontrado a su hija encerrada.

LV: Mi hija... no les echaré en cara el traicionar mi hospitalidad, una espada quizás aflija mi dolor.

Héctor: ¿Cómo puede tenerla confinada?

LV: Querrá decir viva, cómo puedo tenerla viva. Es un mérito que no haya sufrido daño alguno en este tiempo.

Héctor: Tenerla encerrada es tan horrible y denigrante o más que la muerte. Enciérrese usted unos años a ver qué le parece.

LV: Eso intento hacer. Nunca lo hice por hacerle daño a mi pequeña, quizás no sabía cómo actuar. Matarla era una opción, solo era una niña cuando su madre murió y ella enfermó. Podía haberla dejado morir, pero la mantuve con vida; no podía dejar de ver a su madre en sus ojos. Mis hijos insistían en la carga que era para la familia. Yo decidí que no le pasaría nada, pero tampoco la expondría. Me ordené sacerdote para expiar mis pecados y encerrarme en vida. Al poco tiempo se me olvidó casi todo, solo pensaba en lo de siempre.

Héctor: Escribir.

LV: No, mujeres. Escribir no lo pienso, lo hago. Cuando pienso en mi pequeña Francisca, creo que hice lo mejor para ella; le he puesto todas mis energías y servicios a su disposición. Al verles a usted y a su Francisco, me di cuenta de otros caminos.

Héctor: Usted es el maestro de las letras... sus obras están llenas de grandes gestos, de justicia, de sueños imposibles, y su vida es un despropósito moral, cosa que respeto, aunque alguien ha de impartir justicia, y no es mi espada; la blando solo por la rabia que siento como padre, por compasión, por infundirle temor. Yo no creo en sus dioses, aquel Dios que me arrebató a mi hijo me lo devolvió, curiosidades de la vida, un servidor de ese dios en el que no creía, porque son las personas las que hacen que un dios sea bueno o no, exista o no, y usted, ejemplo de miles, maestro de millones, tenía la oportunidad de hacer algo más hermoso que un libro, hacer una bella obra en vida que no fueran palabras utópicas y, sin embargo, sigue viviendo en su fama y en sus comodidades.

Entra Marcela con ostentosa fuerza.

Marcela: ¡¡Padre!!

Ariel: ¿A quién te refieres?

Marcela: Estúpido. ¿Qué está pasando aquí? Amenazáis a mi padre, una espada en su casa, agredís su hospitalidad, su honor, su privacidad... merecéis la horca, ambos; llamaré a los alguaciles. Arderéis en el infierno.

LV: Tranquila, hija. Escucha. Lo crean o no, desde que entraron por mi puerta me di cuenta de mi gran error, y la envidia por su familia me ha hecho reflexionar más que nunca;

quizá no lo asumí, no lo asumo hasta que esta espada está en mi cuello, pero era ya tarde para enmendar el fracaso.

Marcela: ¡¡Padre, has perdido el juicio!! ¡¡Dios os castigará!!

Héctor: No creo en tu dios.

Marcela: Blasfemo.

Ariel: Silencio, hermana. Cree en mi Dios, que es más majo que el vuestro. No es tarde para enmendar el error. Nunca lo es, Francisca nos pertenece.

LV: Eso nunca, es mi hija.

Marcela: No se atreva a dar órdenes.

Ariel: Es un tesoro que hemos encontrado, es la obra oculta de un gran escritor que dejó olvidada en una habitación cerrada, Francisca está bajo nuestra tutela.

Héctor: Si lo dice el padrecito, Francisca es nuestra.

Marcela: Con una espada es fácil hablar, veremos con la horca en su cuello.

Ariel: Mejor hablar con una espada y honor que no con vergüenza, abuso y tortura. Francisca está bajo nuestra tutela desde ya.

LV: Si ella lo quiere.

Marcela: ¿Cómo que si ella lo quiere? Si ella no piensa.

Héctor: Usted no tiene alma, ni cabeza, y puede que la pierda como siga aquí.

Marcela: Padre, ¿cómo permite que me amenace?

LV: Marcela, sal. Ve al convento por diez días, no salgas ni hables con nadie, tranquilízate.

Marcela: Ahhhh. No quedará así. —**Mutis.**

LV: Perdonad a Marcela, es joven e impulsiva, recapacitará. En cuanto a Francisca... que ella decida.

Ariel: Ya va pensando más correctamente.

LV: La gente...

Ariel: Preocúpese de que Héctor no le clave la espada. La gente sabrá en qué ocupar sus lenguas, ya sea con historias figuradas, siempre ficticias o inventadas. ¡Anda! Como lo que hace su maestría.

Héctor: Por ahora no saldremos de su hogar, por respeto a vos. En breve veremos qué hacer. Y perdone las amenazas a su hija y a vos. Hace diez minutos les hubiera asesinado sin pensar.

LV: Dios me dará fuerza, sabiduría, entereza y justicia. No hay miedo.

Héctor: El miedo se apodera del fuerte justo cuando ha de tomar decisiones, y es esa fortaleza lo que hace que la decisión aparentemente sea correcta. El débil solo actúa según su instinto primitivo de supervivencia, de interés vital; es la debilidad la que da la ética y la dirección que ha de seguir. Solo cuando el hombre es vulnerable, es hombre; el hombre solo subsiste si otros a su alrededor lo acunan, lo protegen y alimentan. Somos unos animales con la suerte o desgracia de imaginarnos dioses que deciden por nosotros, que nos ajustician sin tomar parte, lo cierto es que somos unos mentirosos que no vemos más allá de lo que nos ponen frente a nuestros ojos, y esa fe de la que hablan es un camino de ilusiones, si bien la verdadera fe es admitir cosas buenas y cosas no tan buenas. Con solo sonreír a voluntad, somos dioses. Ese acto de ser conscientes nos hace dueños de nuestro destino. Mi hijo, tu hija, con el hecho de respirar añadido al de tenernos a nosotros a su lado, y lo más importante, que mantienen su cabeza sobre los hombros, son personas que no necesitarán todas nuestras posibilidades para ser la mitad de felices que puedan serlo ellos. Su camino es más difícil, pero la recompensa puede ser mil millones de veces mayor. Yo camino, yo me muevo por mis medios milagrosos por mis piernas, pero le aseguro a usted, a su dios, y al mundo que mi Francisco sueña, ríe, se ilusiona, se emociona, se alegra, se divierte y aprende infinitos mundos más que cualquier bípedo o criatura de este mundo, y lo admiro, lo envidio, lo quiero y por supuesto que desearía que no tuviera ese camino tan complicado; ni su recompensa, que fuera normal, analfabeto, con dos piernas que le hicieran deambular, maleducado, e idiota, pero no, él es cariñoso, alegre, positivo, con una facilidad para aprender fuera de lo normal, con una inteligencia digna de elogio, con unas fuerzas de vivir puras de un guerrero y con un humor de otro siglo. Él es mi dios, mi ejemplo, mi vida, mi hijo, mi amigo, mi maestro, y todo me lo ha regalado su dios que, en forma de desgracia, nosotros hemos sabido, gracias a sabios consejos y a un cambio propio, saber aceptar la realidad de nuestro ser, apreciar que cada día al amanecer una nueva aventura nos puede acontecer y hemos de tratar que sea enriquecedora y disfrutarla con los nuestros alrededor de una sonrisa. Esa es la máxima de nuestra vida, y usted se puede quedar con todos los títulos del mundo, con nuestro dinero, con nuestras tierras, que lo único que deseamos es vivir en armonía con nuestro destino de seres de esta naturaleza y aprovechar nuestros talentos. Su inmoralidad, sus miedos, sus frustraciones, su incapacidad, no la plasme en su hija. El presente lo escribe usted, y no es una novela, es una vida real.

Capítulo 21. Francisca

Fran y Dárata en la habitación con Francisca.

Es tímida. Es la primera vez que siento que alguien siente más las miradas que yo. Creo recordar lo que se sentía y la compadezco, y aun así su dolor será único e inigualable, nadie lo entenderá nunca, ni siquiera yo. Su claustro, su incomunicación, su tortura... Yo he vivido en la libertad del abrazo de mi familia y amigos, no puedo evitar que alguna lágrima me recorra mi rostro. No tengo muchas palabras.

Fran: Hola.

Dárata: Apenas habla.

Fran: A ti te enseño a leer y a ella a hablar. Puedes hablarnos...

Dárata: Nunca acertarías cómo se llama.

Fran: Segismunda.

Dárata: ...Francisca de los Ángeles.

Fran: ¡¡Toma!! Como yo.

Dárata: Como la madre de don Lope.

Fran: Puedes hablar de lo que quieras con nosotros, aunque te cueste como a mí.

Francisca: Como mi abuela. Mi abuela Francisca.

Fran: Tenemos muchas cosas de las que conversar, sobre ti y sobre tu familia.

Dárata: Yo he de irme, ¿o he de quedarme?

Fran: Depende de lo cariñosa que estés.¿Qué es lo que te apetece hacer? **—se dirige a Francisca.**

Francisca: Nadie me ha preguntado eso nunca.

Fran: ¿Nos vamos al teatro?

Entra Ariel.

Dárata: Estás loquillo.

Ariel: Me parece bien, yo llevo a Francisca y Fran a Dárata; será emocionante, pues iremos disfrazados como los actores; no nos han de ver. Alguna obra de tu padre estaría bien.

Fran: ¡¡Vamos allá!!

Ariel: Ha llegado la hora de salir al mundo.

Francisca: No conozco más allá de esta ventana.

Fran: Veremos el río y el mar.

Francisca: ¿Qué es el mar?

Desde otra habitación. Cualquiera de la misma casa.

LV: Fue por ti, mi pequeña, fue por protegerte. Ha llegado la hora de la vergüenza o el perdón.

Héctor: No hay mayor vergüenza que su pasado, don Lope.

Capítulo 22. Teatro

El mundo gira loco al son de una melodía nunca interpretada. Locura, exageración, sorpresa, incredulidad. Me vanaglorio de ser la mente más prodigiosa del mayor imperio que nunca haya existido en la tierra del Señor y como un niño pequeño estoy viendo con mis ojos lo que acaba de ocurrir. Inaudito.

LV: Anonadado es la palabra. ¿Qué hay más que anonadado?

Lázaro: Flipar...

Lucenda: Eso es muy vulgar, hasta yo regañaría a mis hijos si hablaran así.

Lázaro: No hay más descripción, es un rapto, un delito, mi señor.

LV: Mi hija ha visto el teatro, una de mis obras, ha salido de esta casa.

Lázaro: Una negligencia.

Lucenda: Una aventura.

LV: Eso es, su mayor aventura jamás vivida.

Lucenda: Me alegro, señor, que esté feliz. Francisca sonreía como nunca, estaba agotada.

Lázaro: De huir, de esconderse.

LV: Sí, con Madrid de escenario. Me encanta. Lázaro, eres un genio.

Lázaro: ¿Yo? Mi señor, que ya le conozco... algo trama.

LV: Cierto, me conoces. Y lo sabes.

Lucenda: Y yo también sospecho lo que va a acontecer y no le conozco tanto, mi señor.

LV: Aprendes rápida, Lucenda. Ve a servir. Dejadme solo.

Capítulo 23. Francisco, el maestro

Soy el profesor, un poco atípico, pero el profesor y le voy a enseñar lo poco que sé. Vamos con mi alumna. El baile no es lo mío, ahora que entretenido es un rato.

Fran: Bailaremos mejor con zapatos de baile. Y un músico.
Francisca: ¡Qué divertido!

En el convento.

Marcela: La muerte es un regalo dulce para el insulto.

En la casa Ariel, Fran, Dárata y Francisca pintando.

Ariel: Dale más color... ahhhh, ¿vas a descubrir una nueva forma de pintar?
Fran: Sí. Padrecito, nosotros hacemos algo abstracto, en unos siglos mi pintura será la mejor.
Ariel: Sí, sí. Tú y Francisca hacéis líneas y cuadrados, puntos... no os veo yo triunfando en ninguna época. Eso no es pintar.
Fran: No entiendes nuestro arte.
Francisca: Yo me divierto.
Ariel: Eso es lo importante, pero como venga don Diego de Velázquez... os manda a la horca.

En el convento.

Marcela: El demonio no debe existir.

En la casa Fran, Dárata y Francisca aprenden a leer.

Fran: Esta es la «ñ», es una ene con una ceja encima, es la unión de ene, i y a u o, *hispania, ninia, ninio.*

Dárata: ¿Os ayudo? Veo que os entendéis muy bien.

Francisca: Fran es muy buen profesor.

Dárata: Sí, yo ya leo lentamente. Estoy muy feliz, he empezado con «El perro del hortelano», me la ha recomendado el señor.

Fran: Empezaremos con «El mejor alcalde el rey».

Ariel: Dárata, he de darte alguna lección más sobre lectura, puedes venir a mi habitaci... a la sala de estar tranquilos.

Fran: Padrecito, lo que quieres es quedarte a solas con ella.

Ariel: Ok, me llevo a Francisca.

Dárata: No te preocupes, Francisco, el «espiritual»... no es mi tipo de hombre.

Fran: Claro, lo soy yo.

Ariel: ¿Cómo que no soy tu tipo de hombre? Una vez en un palacio de Germania una princesa renunció a todo su poder y riqueza por mí, yo la rechacé... tras... bueno, y en Britania las damas de alta alcurnia pagaban por mis servicios.

Dárata: De guía del señor.

Ariel: ...sí, las llevaba al séptimo cielo, solo a las privilegiadas.

Dárata: Ya veo de dónde ha aprendido Fran sus bravuconadas.

Ariel: El orgullo del hombre es innato. Debo centrarme en mis estudios anatómicos y medicinales.

Dárata: ¿Con qué me dormisteis? No volváis a hacerlo.

Ariel: Con cariño, os dormí como a un bebé.

Dárata: Soy muy persuasiva cuando quiero.

Ariel: El orgullo de un hombre para bien o mal, siempre está ahí. Y ahora me toca el no contar mis secretos.

Fran: ¡¡Iros ya!!

En el convento.

Marcela se cambia de ropa, se tira de los pelos, grita.

En la casa Fran y Francisca cantan: «Que el Eterno solo te ilumine, el amor te rodee y la luz pura e interior guíe tu camino».

En el convento.

Marcela: (Chillando al doctor) ¡Más veneno! ¡No falles!

En la casa, Lope de Vega observa y se esconde.

Francisca, Ariel y Fran en la habitación de Francisca.

Francisca: Quiero aprenderlo todo. Quiero vivir.

Ariel: ...Fran, creo que ha llegado el momento.

Fran: ¿Yo?

Ariel: Lo que un día hicieron por ti... ahora has de transmitirlo tú, tus conocimientos al servicio del bien. Eres todo un maestro y sabrás cómo hacerlo.

Francisca: ¿De qué habláis?

Ariel: De que aprendas a gozar contigo misma, con tu cuerpo, con tus dones. Una sexualidad sagrada y responsable que te hará despertar la mente y el cuerpo.

Fran: Si quieres, claro.

Francisca: No.

Ariel: Muy bien. Cuando te apetezca aprender, nos avisas.

Francisca: ¿Me dolerá?

Fran: No.

Francisca: Pues entonces sigamos con mi aprendizaje de la vida.

Capítulo 24. Reflexión

Llega Marcela.

El claustro nos cambia los colores de nuestra mente, soy otra. Se me hace eterno el enmendar mi comportamiento mostrado hasta este momento. Trago saliva.

Marcela: Padre, hermanos, don Héctor, he reflexionado, Dios me reconduce por el camino. ¿Cómo están los chicos?
Ariel: Mejoran, se divierten bastante.
LV: Es increíble, tu hermana sonríe.
Marcela: Me alegro, quiero verla, rezaré junto a ella.
LV: Están en la habitación de nuestros invitados.
Marcela: Ah, allá me dirijo pues.

Estoy calmada y tensa, no sé qué palabras saldrán de esta transformación, ¿mi hermana me perdonará? Aquí están los dos, tan similares y tan diferentes... y Dárata con su pecaminosa figura.

Marcela: Buenas, Dárata, ¿me permites estar a solas con mi hermana y el señorito?
Dárata: Sí, mi señora. —**Mutis de Dárata.**
Marcela: ¿Olvidadas nuestras diferencias, Francisco? El Señor me ha hecho reflexionar mucho, su sabiduría me inunda,

a veces nos dejamos guiar por sentimientos erróneos, tales como... la paciencia, la concordia, la piedad... ¡¡Muere!!

Se dirige a matar a Fran cuando Dárata vuelve a entrar y detiene torpemente a Marcela.

La luz del Señor me ciega y he de cumplir sus deseos, aparta furcia o sufrirás el mismo destino que este infeliz.

Los gritos se expanden rápidamente por el vecindario. Llega Héctor, forcejean.

Maldigo a tu hijo y maldigo a tu estirpe, dejadme ejecutar los designios de Dios.

El frío es diferente en el pecho de uno, es un frío devastador y punzante que, aun así, no se le iguala al que sufro por mi Marta y mi Francisco cuando están en apuros, y tengo que sujetarlo dentro de mí para que no alcance a mi hijo. Mis fuerzas se apagan, pero no en mis brazos que sujetan este hielo, no me vencerás. El fuego de mi corazón derretirá tus viles intenciones. Aguanta Héctor, aguanta. La luz se acerca y yo marcho.

Y el cuchillo se clava en el cuerpo de Héctor que agarra con fuerzas ese brazo ejecutor y lo mantiene dentro de él bajo la mirada de su hijo, Francisca y Dárata. Es esta última quien da por instinto un manotazo a la cara de la monja lleno de rabia y fuerza que le hace caer. Enseguida llega Lope de Vega que reduce totalmente a su descontrolada hija mayor. El cadáver de Héctor preside la escena llena de llanto, desesperación, frustración e impotencia. La estocada ha sido mortal en su cuerpo y en las almas de los presentes.

Capítulo 25. Custodia

LV: Cedo la custodia de Francisca a la familia De Vico, nadie mejor que vosotros para seguir cuidando de ella y mostrarle el camino de la existencia. Marcela no será entregada a la justicia, es mi hija, pagará sus delitos encerrada en la habitación donde estuvo su hermana. De por vida.

El dolor me corroe por cada poro de mi piel, me tiemblan las cuerdas vocales y las extremidades, no soy yo y siento que me voy conociendo en esta indeseada situación límite, las personas no sabemos cómo somos hasta que se nos presentan las circunstancias, nada es predecible y mi alma muerta seguirá penando en vida con esta cruz en mis ya golpeadas espaldas. Entierro a mi hija en vida, lloro la pérdida de un gran hombre bajo mi techo y cargo con la vergüenza de no tener honor. Cualquier reacción de mis criados será comprensible a mi entendimiento.

Dárata: Nos debemos a Francisca, iremos con ella si nos aceptan.

Lucenda: Con mis pequeños... donde vaya mi señora Francisca.

LV: Es vuestro deber servir a mi hija, no esperaba menos de vosotras, y a estas personas a quienes hemos ofendido, servidles con el mismo ahínco con el que servisteis en mi casa y a mi persona; la vergüenza será mía, no vuestra. Si queréis negarme, lo entenderé, y perdonad a mi hija y sus impulsos fanáticos; espero que su castigo limpie su alma.

Lázaro: Señor. Seré el guardián implacable de Marcela.

LV: Señores, mi admirado y querido Francisco, os vuelvo a expresar mis condolencias por lo sucedido, por la afrenta que esta casa os ha hecho, admitid estos regalos como signo de nuestra culpa y hacédselo saber a vuestra familia. Estaré en deuda eterna para con vos.

Fran: No queremos sus presentes, queremos a mi padre.

Ariel: Métase sus palabras por el culo. Hasta nunca.

Lope de Vega que se queda solo, pensando. Saca un papiro y empieza a escribir.

Capítulo 26. Libro

LV: ¡Lázaro, Lázaro! La acabé, *La Obra Oculta*, narra todo lo que nos aconteció con Francisco, Don Héctor y su asesinato a manos de mi hija, y como su título indica, la esconderé en la habitación donde está encerrada Marcela, y otra única copia para Francisco, haz que le llegue personalmente. Publícala en cuanto muera yo.

Capítulo 27. Ardiente

Frente a la casa de Lope de Vega.

Ariel: Han pasado tres años, Fran. ¡Qué hermoso es volver para redimir los pecados, para acabar una de nuestras misiones en vida! Justicia divina, Fran. Tú padre estaría orgulloso de ti. Vuelves para ver a viejos amigos. ¿Te acuerdas de quién vive aquí, encerrada...?

Fran: ¿Puedo llorar un poco? Echo de menos a mi padre. Y ella...

Ariel: Todos están fuera, menos ella. Les hice creer que... trucos de mis viajes. Tu turno.

Fran: Bella violencia, dulce murmullo. Adiós Marcela.

Fran prende fuego a la casa de Lope de Vega lanzando una antorcha.

Marta: Tira ese libro al fuego, hijo mío. La verdadera obra oculta de Don Lope de Vega vive bajo nuestro techo. Feliz y risueña es toda una mujer. Nuestra querida Francisca ahora es una obra abierta para que el mundo la conozca. La venganza se sirve fría... pero arde.

Madrid arde. Gritos. La estampa es bella, es invierno y en el frío, el calor y el fuego se vuelven hermosos. Gritos. Marcela arde, Marcela grita, arde en su infierno, arde en-

tre sus gritos, entre su odio, entre su intolerancia, entre sus falsos dioses y convicciones, arde en la felicidad del fin de su claustro, arde en esta ficción creada para divertimento y reflexión personal, arde la ignorancia, arden más ganas de vivir.

FIN

A mi admirado e inspirador Francisco,
y a mi hija Alena, mi lucecilla.

Índice

Este libro se terminó de editar en Granada
en septiembre de 2024 por

Aliarediciones

www.aliarediciones.es
info@aliarediciones.es